天下 雜誌
觀 念 領 先

當個普通人也很自豪

我在瑞典生活，發現了幸福的寬度

吳媛媛——著

目錄

推薦序

愛拚才會贏的台灣人，如何相信當個普通人也能很自豪？

獨立評論＠天下頻道總監 廖雲章

身為天下獨立評論頻道總監，我最大的特權，就是擔當作者的第一位讀者，享受作者產地直送的新鮮觀點。擔任媛媛第一讀者多年來，看著她在新住民、母親與勞工的多重角色中，細膩觀察、理性剖析她所處的瑞典社會、家庭與職場。她「有時瑞典、有時台灣」的位置，提供讀者一種更親切、有人性、有脈絡的方式，認識瑞典的同時，也回看台灣，知道自己的位置。

書中多數文章，我幾乎都讀過，然而，即使再讀一次，我還是被媛媛理性的文字與冷靜的概念撼動，那是對台灣主流社會追求成功富有、高人一等迷思的迎面痛擊。

媛媛寫出瑞典值得參考之處，也指出，並非瑞典人特別聰明高尚，打造出令全世界豔羨的清廉透明政治與社會福利國家背後，是持續艱辛而務實的改革。這個在百餘年前（一九〇〇年前後）還極其艱難貧困的國家、有大量人民為逃離貧困而移民出走的國家，一步步成為舉世肯定的幸福國度，有其脈絡可循，媛媛這本書，就是想告訴大家：事情不能只看結果，脈絡很重要。

媛媛寫過一篇文章，提到家族聚會時，有個十歲女孩很驕傲地告訴大家：「我的成績是全班的平均！」，而她的反射回應是：「才平均有什麼好驕傲？」

在台灣受過教育的人大抵都聽過「行行出狀元」，強調職業無貴賤，但你得是「狀元」才行。對於出人頭地的焦慮，不斷透過媒體廣告洗腦，許多家長相信要讓孩子「贏在起跑點」，填滿各種超前學習，即使影響兒童身心發展也不在乎。近年來，台灣學童的「學習工時」之長，已引起關注，但各類才藝補習班仍門庭若市，「怕輸」彷彿魔咒，是纏繞台灣社會的不散幽魂。

這種價值觀也讓媛媛反思，為何她認為「平均」不值得驕傲，為何成為「人生勝利組」才是值得追求的人生，而「普通」不是一種價值嗎？所有群體裡只能有一個第一名，其他人難道就不值得幸福了嗎？

「普通」也是一種好價值

媛媛持續追問，瑞典人為什麼不怕自己很「普通」？「普通人」為什麼覺得自己很幸福？她在瑞典學術型勞工組織網站上，看到一項有意思的數據，計算學生如果選擇上大學，平均薪資要幾歲後，才能趕上高中畢業就工作的同學。

瑞典上大學的白領受薪階級的生涯總體薪水，比起沒上大學的藍領階級，只高了十六%，大學畢業生大概在三十八歲那年，才能趕上同齡的藍領階層的平均薪資。這樣扁平的薪資結構，對於從小被諄諄訓誨「好好讀書，長大才能找到好工作」的台灣人是很大的衝擊，難免會有「那我書都白讀了」的感嘆，然而，正是這樣的安全感，讓瑞典普通人可以理直氣壯地告訴別人：「他高中畢業就開始工作。」、「我有讀高職。」而不是「他才高中畢業」、「我只讀到高職。」

媛媛看見，安全感與自尊，在瑞典不是成功人士專屬的特權，但在台灣，往往扣連了消費能力的高低，所以台灣人相信「愛拚才會贏」、「有錢才會幸福」。過去數十年的經濟起飛期，努力的台灣人確實造就了經濟高峰，越過高峰後，也會面對高原期的停滯，以及國際企業與資金流向他方的現實。

台灣的少子高齡化，更讓缺乏未來勞動力成為社會的隱憂。當過去有豐沛人力可以海選、盡享人口紅利的運作模式再也行不通的時候，社會與企業都需要轉型，而轉型的引擎是教育與社會文化。

媛媛從教育、公民社會、選舉制度細細爬梳，讓讀者看見，瑞典式冷靜不激情的媒體與選舉，如何打造優質公民與社會，民主的文化與習慣，如何在日常生活中落實，而不只在投票的那一刻。

瑞典並不完美，而是持續優化，文化與國情都不同的台灣，也許可以學習瑞典，如何善用珍貴的「普通人」，不把人做強弱分類、不需要抱怨自己沒有「富爸爸」，而是讓每一個「普通人」都能做最好的自己。擁有二千多萬個「最好版本自己」的台灣人，也能發展屬於台灣獨特的幸福模式。

推薦序

瑞典鏡子，提供台灣另一面可能的想像

Instagram 創作者 瑞典阿爸（a.k.a Circus 小馬）

車子正往我不知道的方向疾駛著，開車的是岳母，她用瑞典話和坐在副駕的太太聊得起勁，窗外的景色就像一幅畫，金黃色的陽光灑落在一望無際的田地上，你可以想像一個身穿傳統歐洲服裝的村婦正彎腰撿著……「等等！我現在確實就在歐洲啊！」

我們駛進一片森林，最後停在一座被樹林圍起來的紅色小木屋前，「歐洲感爆棚！」這是我下車後的第一個感想，但我也同時發現太太面露難色，似乎想說什麼卻又說不出口。我只知道在即將到來的冬天，我和太太加上一個即將出世的孩子，將暫時住在這個小木屋裡。一直到後來幾年我對瑞典漸漸有些了解，我才明白當時我們住的地方叫做Sommarstuga（夏季小屋），照字面意思來翻，就是瑞典人夏天去避暑度假的地方，這類屋子的「生存條件」相當基本，熱水只能洗五分鐘，沒有暖氣，沒有洗碗機（對瑞典人來說洗碗機是生存條件之一），以及你必需用木材生火！

剛好那個冬天是當地所謂的嚴冬，住在附近的親戚常過來探望我們一家人，在我們搬走後幾年他們才終於開口：「其實那個冬天，我們很怕你們會不小心凍死在裡頭。」

下定決心住在一個新的國家，真。的。很。不。容。易。好幾次我都有乾脆搬回台灣的念頭，然而當你開始抱怨，你就會有十萬個抱怨的理由：「為什麼我要受到這種委屈？為什麼我要學奇怪的瑞典話？為什麼我還要再考一次駕照？為什麼這邊的亞洲超市沒有賣曾拌麵！」負面情緒到了這裡已經開始歇斯底里……。當一切從零開始，在心態上總是特別難調整。不過也是因為如此，才有了真正誠實審視自己的機會。

可不可以當個普通人？

什麼是成功？賺很多的錢？開名貴的車子？衣錦還鄉？但仔細想想，為什麼你要討好一群你不喜歡的人呢？「做個普通人也很自豪」是我這些年在瑞典慢慢領悟出的道理，隨著居住的時間越久，感受也越深刻。當個普通人，意味著你有更多的時間可以陪伴家人，有更多的時間注意自己的健康，培養興趣愛好……這樣算不算是一個成功的人生？

在瑞典可以，在台灣可不可以也當個普通人呢？台灣未來要變成什麼模樣，想要什麼樣的政府，是當年從中國來到台灣的「大國」，做事要有「大國」的氣派、數不清的繁文縟節、歷史包袱？還是要作為一個小國，一個「普通」的國家，讓各行各業都感到尊嚴，社會更公平，人民充滿幸福。

媛媛的這本書透過瑞典這面鏡子，提供了台灣另一面可能的想像，讓我們可以拓展眼界，不是只有中國、美國二選一，我們還是有機會去追求另一種價值觀。作為個人，成就、金錢真的是人生唯一的奮鬥目標？還是有尊嚴、幸福的人生其實更適合我們？

就像是我把過去的自己放在後頭，從螢光幕前的「Circus」退居幕後，與半個瑞典人的英國太太在新的國度展開新的生活，當兩個臭小子接力報到，我們也醞釀出一個為北歐孩子設計的中文學習盒子FunBox。從單身、成家、移居、創業，就這樣一路摸索，練習擁抱新的自己。

一個國家也可以決定如何打造一個更適合每個人發展的社會，這個社會並不是有錢人就比較高尚，不是去貴的餐館用餐就比別人神氣，就像媛媛在

「瑞典人爭什麼？」這一章節裡舉的例子：「瑞典的薪資透明，收入有多少可以輕易推算出來，在這種情況下與其錦上添花或打腫臉充胖子，還不如炫耀自己有時間培養人生目標、生活熱情，或是炫耀自己有知識，有體魄，有關懷。瑞典人聊天的開場白常常是：你讀了哪本書、看過哪篇報導嗎？他們開Hybrid，騎自行車上班，用純天然洗衣粉每天清洗棉布尿片，站在知識和道德的制高點上對著我微笑。」這樣的微笑不是嘲諷，而是每個人都可以自信地投入自己心中的理想生活，或許也正因為瑞典人炫耀的和多數人不太一樣，所以更覺幸福。

對了媛媛，我們家的屋頂最近要開始安裝太陽能板喔！（笑）

閱讀吳媛媛新作《當個普通人也很自豪》最大收穫，就是讓人一步步明白，斯堪地那維亞的幸福感，許多原來並非從天而降。在當地人看似簡單無暇的美好生活背後，可能是始於一連串人為素樸的價值觀養成，又因為瑞典堪稱現代化國家典範，它的素樸就不全然是在標榜摩登原始人式的反璞歸真，若串連起書中每一章節故事，讀者眼前終將浮現一幅清晰的畫面——人類社會原來可以靠「普通人的想法」就進步到這個程度。

透過這本書自我對照，不僅很有意思，也是有意義的。首先，我們藉由它標示出了一個理想國度的經緯，接著，我們再自腳下的地理人文環境，一一丈量身邊每一風貌、習氣和它的距離是遠、是近，是近在咫尺，還是根本背道而馳，這種比對，本身實已蘊涵了對「進步」的追求和反思，一旦啟動，我們就已經在通往北歐的路上了。

《上報》主筆 李濠仲

瑞典不只全球新聞自由度、民主指數、人類發展指數都名列前茅，反映貧富差距的「吉尼係數」也是最低國家之一。當台灣不停追求經濟成長、追求財富累積之際，吳媛媛的書寫，恰可提醒我們另一種「幸福的可能」。

新聞工作者 黃哲斌

作者序

幸福的定義越廣，幸福的人就越多

記得多年前仲夏節參與瑞典親戚的聚會，在場有個十歲左右的女孩，親戚們和她聊起了學校生活，問女孩學校功課會不會很難？女孩很驕傲地說：「不會，我的成績是全班的平均！」

聽女孩這麼說，我還以為她在開玩笑，等著她爸媽吐槽：「才平均有什麼好驕傲的？」但是女孩看起來不像在說笑，在場大人們似乎也不覺有異，繼續和她聊喜歡哪些科目、平常喜歡和朋友做什麼等等。

在大家繼續閒聊時，我自己陷入了沉思。為什麼我的第一個反應是想告訴女孩：「才平均有什麼好驕傲的？」

「平均」就數據上的意義，是不太好也不太差，也就是很普通。而「普通人」，就是絕大多數的人。如果社會上絕大多數人都認為自己「只是」不夠好的普通人，這個社會會是什麼模樣？

我記得小時候在台灣幼稚園，就有老師帶著我們背英文字母和算數學，而在瑞典，小孩上了小學才開始正式學字母，而且一個禮拜只學一個，數學進度更是讓亞洲家長搖頭。此外，小學階段幾乎沒有回家功課，很少給孩子成績排名，也沒有從小送孩子上畫畫、鋼琴等各種才藝班的風氣。

度過這樣相對閒適、少有競爭的早期階段，孩子們摸索自己的能力所在，那些剛好適合升學、從事白領工作的孩子，在科技、法律、學術、商貿等行業中打拚。對文藝更具天賦的孩子也許從小不被逼著學畫畫、鋼琴，但一旦產生了興趣，可藉著許多教育機會和管道往文藝產業發展。另外，絕大多數資質和天賦都很「平均」的平凡孩子，找個自己不討厭的工作，上班時在崗位上貢獻所能，下班後認真經營生活、豐富生命經驗。雖然人生路不一定順遂，未來收入也會有高低差距，不過人人都能去摸索、打造最適合自己的生活，找到屬於自己的「幸福」。

成為「狀元」才是人生勝利組？

在台灣，從小師長就跟我們說「行行出狀元」，表面上的意思是，就算書讀得不好，往其他領域發展也能有成為「狀元」的機會，但實際上也隱含另一層意義：不管走哪條路，都要成為「狀元」，出人頭地，才是一個讓人滿意的人生。

也許就是因為這樣，台灣書店的暢銷書排行榜上，總是充斥著教人成功致富的書籍，而走進瑞典的書店，我馬上就發現，怎麼幾乎看不到一本教人如何成功的書？在美國和台灣紅遍半邊天的暢銷書《富爸爸，窮爸爸》，我問及身邊的瑞典人，大多人連書名都沒聽說過。

就勞動環境而言，台灣社會的白領和藍領階層的工作收入和勞動環境相差懸殊，意味著一個孩子的學校成績能大幅決定他這輩子的收入和生活條件，這也造成學校教育的功利和階級意義扭曲膨脹。我還記得，國中老師每次段考完就讓我們按名次選座位，考最後一名的同學總是坐在蒸飯箱和垃圾桶旁邊。高中模擬考完，大家擠在布告欄前看著密密麻麻的排名；每年聯考後，校門外掛著寫上斗大名字，慶祝某某某上榜的紅布條。在臉書上偶爾會看到政治人物毫不保留地描述自家兒女和名師、名家請教交流，展示各種智識教育上的優勢，底下的留言充滿大眾欽慕讚許的留言。以上這些我們習以為常的現象，對瑞典社會來說都是天方夜譚。

從瑞典的生活中，我看到許多和台灣截然不同的思考邏輯和社會現實。而我認為書寫瑞典，如果光是描述瑞典的顯性特徵，或給兩者一評高下，對台灣來說意義都不大。我想了解的是，是什麼樣的因素，促成了兩個社會如此不同的風氣？

藉由此書，我除了觀察瑞典和台灣之間的不同之處之外，也試著去了解這些差異背後的脈絡，並且以台灣為出發點，思考瑞典能為我們帶來的啟發。

21

幸福的定義越廣，幸福的人就越多

PART 1

在瑞典看見不一樣的公民社會

第一章 幸福的來源

我有個在瑞典念博士的華人朋友，在聽說一位瑞典建築工人的薪水和大學助教薪水差不多時，他的第一個反應是：「我書都白讀了！？」（其實那位建築工人的資歷深厚，並擁有許多證照。）

「我書都白讀了」這句話背後隱含的意思是什麼？學歷不高、從事所謂知識型藍領工作的人，難道沒有資格得到好生活？讀書的動機難道只為追求更高的薪水？什麼樣的職業才值得更高的薪水？

我在瑞典一所大學任教，加入瑞典大學教師工會，隸屬於瑞典白領勞工組織SACO。瑞典的工會依據不同的工作性質，分成三個很大的雨傘組織，第一個是歷史最為悠久的傳統藍領勞工組織LO，旗下有建築、電工、旅館餐飲等職業工會。第二個是涵蓋幾個主要白領職業分野，如護理、軍警、記者、音樂、影劇的勞工組織TCO。第三個是學術型白領勞工組織SACO，包含更多如建築師、律師、醫師、研究員和教師等學術性更高的職業。除了勞工權益以外，SACO也積極從勞工的角度去檢視國家的高等教育機構是否在勞動市場供需中與社會接軌。

在學術型勞工組織SACO的網站上，詳細分析了接受高等教育的白領受薪階層，和高中畢業的藍領受薪階層的生涯薪資發展，其中有一個很有趣的數據，是計算學生如果選擇上大學，他的平均薪資大概要在幾歲才開始趕上高中畢業後就開始工作的人們。

和其他國家比起來，瑞典白領和藍領的收入結構相當扁平，就平均來說，在瑞典上過大學的白領受薪階層，生涯薪資（稅後）比沒上大學的藍領受薪階層只高了十六%，大概從三十八歲那年開始趕上為了上大學而較晚起步的薪資差距。

當然，白領工作之間也有很多種類，薪資高低也不同，拿幾個比較極端的例子來說，醫科、法律系畢業生的稅後生涯薪資，分別高出藍領階層四十八%和四十二%，大約在三十三歲那年就能趕上薪資差距。而選擇人文學科的畢業生，平均生涯薪資比藍領階層少了四%，在幾歲可以趕上薪資差距的欄位，寫著一個大大的「ALDRIG／NEVER／永遠趕不上」。

在台灣從小被灌輸「讀書才能過好日子，不讀書長大會後悔」的觀念，瑞典對階層和收入的思考、藍領和白領受薪階層收入的相對扁平和重疊，對我來說是一大震撼。

學術型勞工組織SACO的Slogan（標語）是「受教育必須值得」，他

表　不同科系的生涯薪資比較

	人文學科	醫科
平均月薪	**34,700 克朗** （約台幣 99,000 元）	**64,100 克朗** （約台幣 183,000 元）
平均稅後生涯薪資	**17,338,000 克朗** （約台幣 50,000,000 元）	**28,173,000 克朗** （約台幣 80,000,000 元）
和藍領稅後薪資比較	**-4%** 完成人文學科高等教育學位者的生涯薪資比高中畢業者低 4%	**48%** 完成醫科高等教育學位者的生涯薪資比高中畢業者高 48%
何時能趕上上大學帶來的薪資差距？	**永遠趕不上** 高中畢業後即刻開始工作的藍領階層	**33 歲** 可趕上高中畢業後即刻開始工作的藍領階層

（資料來源：www.saco.se）

們絕不是認為白領的薪資就必須高於藍領，而是希望白領勞工在高等教育花費的無薪歲月，可以獲得合理的補償，並宏觀檢視整體勞動市場的供需。例如，瑞典醫師工會對瑞典大學培育的醫師人數嚴格把關，以藉此提高醫師身價，這個做法是否恰當？會不會對國家的醫療造成影響？這也是其他白領勞工工會一直對醫師工會提出的質疑。

「社會上每個工作都一樣有價值」。我發現在越保守的社會，或是階層越高的人，越愛把這句漂亮話掛在嘴上。其實除了收入高低的事實擺在眼前，白領階層在智識文化層面上，在社會地位、話語權和人脈關係上，還有在獲得非薪資所得（資產收入）的機會上，都擁有更大的優勢。從瑞典工會組織的劃分和思考，都可以看出他們很清楚階層帶來的差距，並且很誠實地去直視這些問題。每個階層靠著勞工組織，在收入、勞動條件和安全感上，去爭取合理的進步。

也許就是因為這樣，我察覺到周遭的台灣人常常說「我只讀高職」、「他才高中畢業」，而瑞典人通常會說，「我讀了高職」、「他高中畢業以後就開始工作」。

幸福＝安全感＋自尊

很多人問我，瑞典人真的比台灣人幸福嗎？這個問題很難用絕對值回答，但有一點我能肯定地說：瑞典人對幸福的定義更加寬廣，因此相對來說，更多人能得到幸福。

我認為北歐式的幸福基調來自兩個很重要的元素，那就是「安全感」和「自尊」。人生在世，都註定要面對生活中的各種變化（如生子、老病）和變故（如失業、意外），如果沒有一定程度的資本或保險，就必須時時刻刻被焦慮和擔憂啃噬，而從這些憂慮中解脫，是提升生活品質的一大關鍵。除此之外，活得有尊嚴、有樂趣，也是幸福的一大指標。當人們能夠用心經營自己的興趣、或為自己的關懷和訴求貢獻所能，就能帶來無價的自尊。

我發現在瑞典，無論是安全感或自尊，都不見得需要「出人頭地」成為「成功人士」才能獲得，但是在台灣，「安全感」和「自尊」的來源，往往和「消費能力」有很緊密的關係，幸福的代名詞，包括名車、名牌包、旅遊、美食都必須以消費換取。除此之外，「安全感」更是一種特權，坐擁房地產的人可以隨心所欲地利用土地和房屋賺錢，上司老闆可以隨心所欲地使喚和裁減勞動力，相對來說，「安全感」對租屋者或受雇勞工來說像是奢求。和瑞典相比，台灣的「安全感」和「自尊」似乎更稀有，只有頂尖、有能力的人可以獲得，絕大多數平凡的你我，有什麼好奢望的呢？

對「自然定律」的更新

弱肉強食是再自然不過的定律，人類社會自古以來循此定律，強大的個人、階層、族群、國家毋須顧慮基本人權，讓無數人陷於貧瘠、奴役、壓迫、不公義之中。慢慢地，人類文明也摸索出平等、制衡、協商等規範和機制，學會用非暴力的方式調節、分配權力，並試著落實更全面的人權，減少世間苦難。而這些進步的開端，往往是起於人們對長久以來習以為常的社會結構和常規，開始進行徹底、根本的審視和批判。

在瑞典開車的經驗讓我感受特別深刻。記得剛來瑞典的時候，我常在報紙上看到死亡車禍的報導，看得我膽戰心驚，後來才知道，在二〇二一年，台灣有二九九〇人死於交通事故，平均每天有八人在路上喪命，而人口約為台灣一半的瑞典，同年的交通事故死亡人數為一九二人。了解實際數據之後才恍然大悟，原來在台灣較少看到死亡車禍的新聞，是因為類似事故太過頻繁，多到連報導價值都沒有了。這種麻痺帶來的漠然，讓社會對不合理的交通文化、危險的行人環境持續視而不見。

一般就物理定律來說，人和車相撞，吃虧的絕對是人，所以在台灣過馬路的時候看到車子一定戰戰兢兢，不敢與車爭道。然而瑞典交通法規定，就是因為車輛如此強大，因此發生交通事故時，開車者的責任比路人、自行車騎士更大。瑞典城鎮當中有很多沒有紅綠燈的行人穿越道，注意來往行人是駕駛人的責任，只要看到有人似乎好像有意要過馬路，就要及時停下來讓人先過。在這樣的風氣下，大多瑞典人在過馬路的時候，就算看到有車子駛來也不會放慢腳步，總是神閒氣定、大搖大擺地從我的擋風玻璃前走過。而我自己在過馬路的時候，已經深深刻在反射神經當中的台灣交通文化，常常讓我陷入我讓車，車讓我的僵局當中。

瑞典的駕照是出了名的難考，記得有次和駕訓教練練習開車，當我駛向一個沒有紅綠燈的住宅區十字路口，剛好左方騎來一輛腳踏車。根據瑞典的交通法則，是右方的人擁有路權，左方的來車應該禮讓，所以我持續開車向前，但在這時，教練踩下助手席的煞車踏板，讓腳踏車騎士從我眼前呼嘯而過。我很不服氣地跟教練說：「他應該要讓我才對啊。」教練回答：「如果你們相撞，你覺得誰的脊椎斷裂，或是腦部受傷的機率比較大？」

「……騎腳踏車的人。」

「這就對了。妳剛剛並沒有違反規則，但是在開車的時候一定要為最糟的情況做準備，而且要記得發生事故的時候，行人和騎士承受的後果比妳大太多了。」

教練的這番話讓我印象非常深刻，這不就像是社會的縮影嗎？在面對政府、房東、雇主等具有強大權力和資源的角色時，一般民眾和勞工就像是單薄的行人，看到車輛駛來，小心退讓是最自然的反射動作。但是換個角度想，強大的人明白自己的一舉一動會為他人帶來難以承受的後果，難道不應該更加留意和節制嗎？這種思考模式的翻轉，可以改變整個社會的文化、制度，也改變每個人的行為。

在一百多年前，義大利社會主義學者安東尼奧．葛蘭西（Antonio Gramsci）提出「文化霸權」的理論，解釋一個社會階層如何操縱對自己更有利的社會認知和價值觀。在台灣，社會反覆提醒多數孩子們，你們「才」平均而已，「只是」普通人。書店裡充斥著致富叢書，告訴「窮爸爸」們只要學會訣竅加上努力，一定能躋身「富爸爸」行列；如果做不到，那麼日子自然過得比較辛苦，工作缺乏安定、房東隨時可以漲房租或趕人，下一代的教育和機會較差，這都是天經地義，不容質疑的定律。

努力進取、有能力天賦的人們理應得到獎勵回饋，這是瑞典社會也絕對贊同的。然而從社會整體的角度來看，社會上每一個崗位都需要有人填補，絕對不可能人人都「出人頭地」，對社會上每一個個體過度期待要求，對提升整體經濟實力或提升整體生活品質，並沒有很大的幫助，相反的，「不夠上進」往往成為壓迫一般人生活品質的藉口。

我有個日本朋友在一間著名的黑心企業（ブラック企業）工作，這家公司要求職員在工作之餘，另外在學習網站上進修英語，網站會追蹤每個職員學習的時數和進度，這些紀錄都會轉化成表現積分，可以換取加薪或晉升的機會。我朋友說，很多同事常常工作到晚上八、九點，回到家還要在網站上學習到深夜。「沒辦法，為了家人，為了改善生活呀。」而這種努力，卻先犧牲掉了自己的健康和家庭生活。我聽了不禁想，同樣是寶貴的下班時間，還不如用來組織員工，向雇主要求更合理的工時和薪資，對提升生活品質可能更直接有效。

這就像一個雜技團老闆，答應給表演最優秀的團員一百元當作獎勵，於是團員們拚命地競爭表現，就算疲累受傷也在所不惜，殊不知自己賣命為雜技團賺的錢，除了當作獎勵的一百元之外，其餘的錢絕大部分都進了老闆的口袋。

是什麼讓團員開始覺醒，懂得要爭取更合理的利潤分配，提升工作條件呢？我想，這個答案從瑞典人不會說「我才高中畢業」、「我才平均而已」的習慣當中可以略見端倪。當為數眾多的「普通人」能打從心底相信自己值得被聽到，值得更好的生活，才能形成促進大眾福利的動力。

Trygghet：每個人都值得安心穩定的生活

現在很難相信瑞典在一九〇〇年代初期，是歐洲貧富差距最嚴重，工作環境最嚴峻的國家之一。無論男女或兒童每天都工作長達十多個小時，在極度貧窮下沒有任何保障。饑荒和艱難的生活，把瑞典四分之一的人口逼上了前往美國的船隻。面對上百萬人口的外流，瑞典高層不得不一改過去對民間疾苦的不聞不問，開始推動普選、改善住房、提高工資等，試圖「把美國的好處帶到瑞典。」

當時社會主義在全球盛行，在貧富階層差距越顯著的地方，共產組織醞釀革命的聲勢就越烈，一九二〇年中國共產黨成立，在三十年後取得了中國政權。在那時，瑞典內部也存在共產黨、社會民主黨等數個意識形態偏左的政黨組織。後來因為歷史因緣，瑞典在「社會民主黨」執政下走向了現在人們熟知的「北歐模式」①。

我在來瑞典之前就常常聽說「北歐模式」一詞，但是對其背後的「社會民主主義」不太熟悉，只依稀知道社民黨和共產黨都信奉「社會主義」。在台灣出身長大，我對「社會主義」一直感到陌生，還帶著一絲本能的恐懼。在瑞典生活多年後，我才了解其實「社會民主主義」和革命派的「共產主義」有很大的差別。他們對共產社會的可行性抱持很大的懷疑，主張以修正資本主義來取代激烈的革命，而其中一個關鍵主張就是：人們可以透過先天和後天的能力和努力追求致富，獲得更好的物質生活條件，但是每一個人，也都

---

① 本書不贅述歷史，詳情請見筆者著《思辨是我們的義務》歷史篇。

應該保有一定程度的「trygghet」。

「trygghet」是北歐語言中一個特有的詞彙，它和中文的「安全感」、英文的「security」大致相當，但是「trygghet」這個詞涵蓋的層面似乎更廣，在北歐生活中使用頻率也很高。

對瑞典人來說，「trygghet」是指「免於受到未知和焦慮煎熬」，這是維持個人身心健康，也是維持群體、社會穩定的關鍵。

在瑞典也有很多富人，富人階層開著跑車、在遊艇上舉辦派對，其經濟和社會地位是許多瑞典人的夢想和動力。同時，社會上絕大多數收入平平的普通人們，雖然明白自己和高檔物質享受無緣，但也絕不會妄自菲薄，認為自己「才」平均而已，不值得擁有安定、有尊嚴的生活。

目前在全球各地活動的偏左政黨，比如社民黨、工黨等等，都是由勞工階層組成，代表「普通人」立場的政黨。當普羅大眾的立場成為執政核心，平凡的你我能不能住得起房、看得起病、孩子的教育品質，這些攸關生活中是否能保有安全感「trygghet」的考量，就成了各種政策的出發點。

比方說，瑞典社民黨的房產政策，是以「一般民眾的薪資必須負擔得起合理、安定的居住環境」為最基本的出發點。當出發點明確，在勞資集體談判薪資時，就會考慮到勞工薪資是否足以支付合理的住房；另一方面，公有房屋的房租，也必須設置在民眾可以負擔的範圍內，以制衡私人租房市場。此外，限制囤房和利用房產營利，調整銀行貸款利率等，也都環繞在同一個出發點上。

「一般民眾的薪資必須負擔得起合理、安定的居住環境」，這個聽起來如此天經地義的目標，卻遠遠不是市場機制和大多房屋政策的主要考量，欲達到此目標會受到的阻撓更是超乎想像。瑞典雖然沒有做到完美，但至少在立法執法機制中，存在著以此目標為執政和監督準則的政黨和組織（如工會），就能朝這個方向更進一步。如果沒有這樣的政治力量，站在建商和資產持有者一方的決策者，總是能很輕易地找到放任市場、偏袒優勢族群的說詞和做法。

對「正常」的更新

二〇一六年紅極一時的日劇《月薪嬌妻》，在二〇二一年初播放了特別篇，在劇情中，女主角懷孕了，男女主角為了想請育兒假，都在公司遭到不少反對和白眼，但是他們堅持立場，認為當越來越多人開始使用這項權益，大家就會漸漸適應並且跟進，也就是一種「正常」的更新。

我在瑞典開始工作的時候，發現我的同事朋友常常抱怨工作量很大，但是在抱怨的同時，他們週末假期絕對不會犧牲休憩時間去工作。我那時很納悶，不是工作都做不完了，怎麼週末還和家人到處去玩？但後來我了解，同樣都是抱怨，不同社會能接受的底線是很不一樣的。對瑞典人來說，假期和休憩已經成為他們絕對不會妥協的一個底線。如果雇主給我的工作超出了工作期間可以負荷的量，那也怨我無法完成。（當然，多少還是會有造成工作量增加的緊急事態，但雇主必須提出合理的加班費用和彌補方式。）我以前要是工作做不完，週末假期就會一顆心七上八下，覺得很有罪惡感，但是經過瑞典職場文化的薰陶，現在我可以坦蕩蕩地把工作的事情完全拋開，等禮拜一再來煩惱。

每當我分享瑞典的制度和現狀，總有讀者評論台灣和瑞典的「國情不同」、「文化不同」，不能比較。然而所謂的「文化」又是從何而來？一百年前曾經把百萬貧苦人口逼得出走美國的瑞典社會，是如何演變為現在的瑞典？

「文化」和「常規」的界定，完全是一種集體的想像，這種想像可以讓一張紙變成錢，也可以徹底改變人們的行為。從前人們曾經覺得養奴隸、女人不能投票是很正常的，文明進展就是一連串對「正常」的更新。

在本書第一部接下來的章節裡，我將繼續描述瑞典人如何透過社會批判和公民參與，將瑞典「更新」為一個更容易獲得安全感和幸福感的社會。

第二章

瑞典人爭什麼？

台灣人在描寫北歐社會時常常形容北歐人較不以物質為目標，也相對不炫耀財富。在注重社會福利的國家，他們願意付出高稅金，讓人感覺如此慷慨。不過度鼓勵孩子爭取高學歷高薪水的教育態度，彷彿與世無爭。

北歐人真的是這麼慷慨又不愛比較嗎？我覺得答案是 Yes, and no。初到北歐，我發現很少看到有人提著名牌包，和瑞典朋友聊起台灣人從小就耳熟能詳的歐洲名牌服飾，他們總是一問三不知，因此我也曾以為他們不愛物質、不愛比較。後來接觸了更多瑞典人，我才漸漸明白，其實人活著總是想爭口氣，在溫飽之餘，人們也都想獲得自尊，也都想要肯定自我、滿足生活。不一樣的地方是，和台灣比起來，瑞典人們獲得自尊的方式似乎更多元、更包羅萬象。

有錢不一定快樂，是一句被說爛的老生常談，然而不能否認的是，經濟能力和快樂絕對是正相關的，只是這個關係圖不是一條單純的直線，快樂的性質也會隨著處境而變化。

對經濟條件較低的人們來說，每提高一點消費力，可以換來自己和家人的營養、醫療和教育，大幅免除生命中的不安和不自由。而對擁有高消費能力的人們來說，追求稍高檔次的尊爵不凡，五星旅館窗外的夢幻海景、精緻的工藝品，都需要投注可觀的財力。而居於中間絕大多數的我們，也在不知不覺中藉著每一次的消費（或不消費），在塑造自己的快樂和定位。

瑞典人和所有人一樣都愛錢，跟他們談起稅務、談起申請育兒假津貼，他們個個都是錙銖必較，細膩繁複的理財之道，能說得口沫橫飛。

繳完了稅金、房租或貸款，以及醫療、養育、保險等例行性的必要支出，就不需要太過操心的瑞典人，剩下的收入大多能投注到自己的生活情趣中。月光族在瑞典是很普遍的，每個月二十五號發薪日一到，街上酒館餐廳就會突然人聲鼎沸。積極的消費，讓社會福利國家也有蓬勃的市場經濟。

各自打造適合自己的幸福

瑞典人最能花錢的地方大概是食衣住行的「住」這一環了。他們在房子內外環境、家具擺飾上花的金錢和時間，都讓人咂舌。每個家庭各有各的風格，每一次宴客都是全心的展示。在這樣的文化下，我卻很少感受到互相

「較勁」的意味。

年過三十，身邊朋友漸漸組織家庭，許多人搬到近郊的獨棟房子裡。除了整理庭院等例行項目外，一下子翻新廚房浴室，一下子購置室外暖氣、烤肉爐等等，忙得不亦樂乎。選擇住在市區公寓的朋友，則會在有限的空間裡以親自挑選的藝術品作為點綴，一桌一椅都是出自大有來頭的設計師。對調酒有興趣的朋友常常邀請三五好友聚會，一起品嘗幾種經典或自創的雞尾酒。

有一次拜訪一對喜愛運動的朋友，他們住在郊外的一棟小房子裡，家裡大多是從二手商店搬回來的中古家具，不特別講究風格配色，但走到地下工作室，只見一整排越野腳踏車掛在牆上，每一台都價值不菲！這也讓我看見了另一種的生活追求。

在衣著方面，瑞典當然也有很多喜愛時尚名牌精品的人，但同時，也有很多人選擇把金錢投注在更具機能性的戶外運動服飾上。

絕大多數人的金錢和時間都是有限的，大家各自去打造適合自己的幸福，避免一窩蜂地在同一個平台上競爭，會頓時覺得海闊天空，也能發自內心去欣賞祝福別人了。

名牌包、名車、會唸書的孩子，這些在台灣人眼中很典型的幸福標籤，作為一種幸福感的來源，本身並沒有問題。真正的問題是，在台灣可以帶來幸福感的選擇似乎很容易重疊？當大家都擠在同一個競技場較勁的結果，促成了名牌包、名車和名師補習班的夢幻市場，以及親友人際間濃濃的比拚意味。

階層不一定要帶來焦慮

階層的標籤和符號充斥在我們的生活之中，全世界皆然。在瑞典也是一樣，就連同一種活動，不同的階層也有不同風格。比方說打獵，上流階層的朋友喜歡帶著純種獵犬去獵野兔，而藍領階層的朋友喜歡深入森林獵麋鹿或野豬；出國旅遊，上流階層的朋友在西班牙或南法擁有自己的度假小屋，中產朋友喜歡探索各國自然和文化景點，登山紮營挑戰體能，而藍領朋友大多喜歡 All-inclusive——包機包酒，在酒店游泳池畔徹底放鬆。

在追求平等的瑞典社會看到這麼多大家都心知肚明的階層符號，曾令我覺得納悶，後來我漸漸明白，不同階層的人們有不同的背景和生命經驗，各族群衍生出來的生活情趣自然也會不同。重要的是，這些情趣不分高下，沒有優劣，大家都抬頭挺胸認同自己的生活方式。

名貴的包包和車子，都是能夠引起上流階層遐想的符號，優異的學校成績則代表往上攀爬的墊腳石，台灣的幸福符號總是那麼高高在上。我們就像飢餓的孩子，仰望著高處的果實。孩子很多，梯子很窄，我們用盡全力攀爬，好不容易搶到一些快樂和肯定，身邊卻永遠有人拿到更高檔的東西。

瑞典也並不是完全沒有階層焦慮。有一部改編自真實故事的電視劇《偷書賊》讓我印象深刻。這部劇描述一個出身自藍領階層的大學教授，為了躋身斯德哥爾摩的上流社會，處心積慮改造自己的真實案例。首先，他把自己的「菜市場」姓改成了典型的上流家族姓氏，並且和糟糠妻離了婚。為了跟上社交圈的消費步調，他竊取瑞典國家圖書館裡的珍貴歷史藏書拿去黑市變賣，最後東窗事發，自殺身亡。

其中一個環節描述他為了加入「上流」同事們抽雪茄閒聊的圈子，特地買了最昂貴的雪茄，想假裝自己也有抽雪茄的習慣。他好不容易鼓起勇氣在同事面前點燃雪茄，卻因為雪茄過於濃烈，把他嗆得滿臉通紅，同事們一看便知他對雪茄沒有任何經驗和知識，最後，他憤而把整盒價值不菲的雪茄丟進垃圾桶裡。抽雪茄那一幕，他和同事間的表情互動，眼神流轉，在在刻畫出階級間難堪的內心戲，讓人不忍卒睹。

看了這部很典型的瑞典社會寫實劇，我深深感受到瑞典和台灣社會在詮釋階層焦慮的兩極態度。在瑞典，深陷於階級情結的個人，常被視為推動悲劇情節的元素，讓人不勝唏嘘。而在台灣，這種不滿卻往往被拿來當作勵志故事的背景，或拍成躋身名流、嫁入豪門的美好故事，愛拚才會贏，可以說是全民運動。

把人生活得豐富，就是好的人生

除了極端個案外，就我觀察到的瑞典社會，真的是少了許多不必要的比較。但這不是因為瑞典人不愛比，而是因為不同階層都享受合理良好的工作條件，大家就不會爭相去搶那個往上攀爬的窄梯。窄梯上的果實，自然也不會被視為唯一的幸福。

通常我們想到北歐生活，總是覺得他們步調優閒，然而我發現在瑞典雖然勞動時間並不長，但是人們卻忙得不得了，從個人興趣休閒，整理住家裡裡外外，到節日假期的計劃，也有很多人參加社會上的各種組織，付出無償的勞動力，這些組織從居民自治會、職場的工會、政黨活動、性平或環保的倡議，或是足球、登山等運動協會等等。我自己曾參加過工會和居民自治會，在這些組織當中，大學教授、總務出納、記者、汽修黑手，來自各行各業、各階層背景的人平起平坐，一起朝著同樣的目標投注心力。當人人都有時間去尋找和耕耘自己的嗜好和關懷，每個人都可以活得有熱情，並從中獲得自我肯定。大家追求的東西可以說是包羅萬象，但都值得尊重，沒什麼好比較的。

我炫耀的跟你不一樣

那麼，瑞典人爭什麼呢？有種東西，可以讓看似不喜歡比較的瑞典人突然變得斤斤計較、爭得面紅耳赤，那就是——比誰活得最「正確」。

有天和幾個瑞典媽媽聚會，到了吃午餐的時間，媽媽A拿出一瓶嬰兒食品，她說：「這個品牌只用在地、有機的食材，雖然不便宜，但是我很推薦。」媽媽B拿出一個洗乾淨的果醬瓶，裡面裝著她親手做的離乳食，當然也全是嚴選有機食材。她說：「還是自己做最安心，而且不浪費包裝材料。」這時媽媽C抱著孩子去換尿布，臨走前不忘解釋：「你們知道，棉布尿片不像市售的紙尿片吸收力那麼強，必須頻繁更換。」

我先生在高中教書以前，曾經在愛立信（Ericsson）當工程師。我們那時住得離愛立信很近，有天他走路去上班，經過公司停車場時，看到同事A剛停好他新買的BMW，在走進辦公室的路上，同事B從後頭跟了上來，他和A說：「我剛剛看到你的新車，好帥！」他們問同事B開什麼車，B說：「我開的是電動車，這樣『綠』一點。」此時只見體格健壯的同事C剛淋浴完走出浴室（瑞典的公司大多設有浴室供員工在運動後使用），他的臉上帶點驕傲的神情說：「早上騎自行車來上班，沖個澡以後再開始工作，真是舒爽！」

瑞典電視台曾經製作一部紀錄片，追蹤採訪兩位瑞典的富人，其中一個是一手開創上市公司的成功企業家，另一個是瑞典傳統富豪世家的後代。那位白手起家的新貴開最名貴的跑車，搭私人飛機，喜歡在豪宅舉辦鋪張的宴會，投資時只問利潤，不問社會影響。而富豪世家的後人只開國產Volvo，在歐洲旅行時總是搭二氧化碳排放量最少的火車，她在投資時也一定選擇永續環保或發展社會的專案。

這兩個富人都很在意他人的評價，新富想要彰顯自己的財力，鞏固自己在上流社會的地位。而豪門世家的財力已經家喻戶曉，如果還繼續炫富，就有失格調了。「富不過三代」這個警世寓言在今天幾乎已經成為神話，現在富人能給予後代的除了有形的財物，更重要的是知識、情報和人脈這些能不斷開源的無形資產。我們都愛看紈絝子弟敗家的好戲，但也不能否認有數不清的上流子弟累積了代代的經驗和優勢，更容易獲取一般人難以達到的眼界。

這種無法避免的階級複製，如果是朝著正面的方向累進，養成更有胸襟和社會責任意識的後人，也不見得是一件壞事。

而對一般大眾來說，瑞典的薪資透明，每個人的繳稅資料都攤在陽光下，收入有多少可以輕易推算出來，在這種情況下與其錦上添花或打腫臉充胖子，還不如炫耀自己有時間培養人生目標、生活熱情，或是炫耀自己有知識，有體魄，有關懷。

瑞典人聊天的開場白常常是：你讀了哪本書？看過哪篇報導嗎？或者聊著他們開 Hybrid（油電混合車），騎自行車上班，用純天然洗衣粉每天清洗棉布尿片，站在知識和道德的制高點上對著我微笑。他們追求的「正確」沒有惡意，卻總是凸顯了我的不正確，讓我覺得難以招架，想為自己護航。

你今天「政治正確」了嗎？

讓我印象最深刻的一次，是某一年的情人節，我和先生剛好在市區購物，心血來潮買了一束玫瑰，想說應應景。捧著玫瑰走到轉角，兩個年輕人趨前來和我們說情人節快樂，正當我們微笑回應時，他們說：「你們知道歐盟玫瑰養殖產業的勞工處境嗎？」我們的笑容僵在臉上，他們又問：「願意借我們五分鐘了解目前糟糕的狀況嗎？」我先生欣然答應了，我只好站在那聽兩個小夥子告訴我剛剛買的這束玫瑰有多「不正確」。

當他們離開，我悻悻然地跟先生說，在情人節談這個也太殺風景了！而且你有看到其中一個小夥子拿著 iPhone 嗎？他們憐惜玫瑰養殖的勞工，怎麼就不顧富士康的勞工處境？我先生聳聳肩，說：「以後我每一次想買玫瑰，就會想起今天這件事。我覺得他們的策略很聰明啊。」

後來我發現，越來越多人開始注意玫瑰花束的來源，現在就連在超市，都會販賣一般玫瑰和公平交易玫瑰。公平交易的玫瑰比一般玫瑰貴了一倍。不了解背景的人會驚訝於這個表面上的價格差異，而因為那兩個年輕人，我體認到的是資本主義在講求壓低價格時，視勞工為芻狗的無情。

現代社會結構複雜，每一天面對的道德抉擇不再是敬老尊賢、熱心助人那麼單純，而是必須在不斷汲取知識的過程中獲得了解和同理。簡單的說，現在人美心美已經不夠，「腦」也要美才行。偏偏這種立基於知識和資訊的道德選擇，常讓人感到困惑與不適。

我們的原意，都不是想傷害人

就拿前一陣子在台灣引起辯論的婚禮儀式為例，由父親把女兒交到夫婿手中，是視女性為交易品項的陋習嗎？我從前以為由父親牽著女兒走進禮堂交給丈夫，是一個來自基督教文化的普遍西方傳統，後來才知道這可能是源自盎格魯薩克遜的古老習俗，至今仍保留在英美文化當中。而在其他西方基督教國家，包括瑞典，一直是夫妻攜手一起步入禮堂。

近幾十年來，可能是因為好萊塢影劇作品對這個儀式常有浪漫的著墨，現在瑞典每十對新人，就有一對和牧師表示想要這樣的婚禮，甚至有瑞典人以為這也是瑞典的傳統，讓瑞典教會十分頭痛。有許多瑞典牧師基於性別平權意識，明言拒絕主持這樣的婚禮，在瑞典也引起了一陣討論。

前陣子瑞典國家電台邀請了兩位女性牧師上社論節目，其中一位堅決不主持由父親牽女兒進禮堂的「送新娘」（give away the bride）儀式，另一位則不特別介意。我對後者說的話印象很深，她說其實很多選擇這種儀式的瑞典女性，非常了解這個習俗將女性視為男性財產的古老起源，她們也常要面臨來自親友的批評和反對。曾有一位新娘反反覆覆，想了又想，直到親友們都已經坐在禮堂裡等待，她還拿不定主意。就在最後一刻，她說：「管他的，我就是想要你陪我走。」毅然決然地拉起了爸爸的手。這位牧師認為，每一對新人都必須對這個儀式的來源有透徹的理解，她也尊重新人們根據自己的生命經驗，去賦予此儀式新的詮釋。

父親牽著心愛女兒的手，走向人生的下一個階段，是多麼令人動容，怎麼會是父權社會視女性為所有物的體現？情人買玫瑰送給對方，怎麼會成為剝削勞工的幫兇？小時候媽媽帶我去看海洋世界的表演，是我至今最美好的回憶，怎麼現在有人說那是對海豚和鯨魚的虐待？

還記得那天和媽媽一起看鯨豚表演，眼前正上演精彩的節目，我卻感到媽媽的眼神一直在我身上。後來自己也有了孩子，我才知道原來父母看著孩子開心滿足的笑臉，就能成為世界上最快樂的人。

玫瑰、儀式、海洋世界，這一切的一切，其實不都是為了一張笑臉，為了傳達情感嗎？我們從來不曾想傷害任何人，只想好好過活，然而在複雜多元的社會中，我們每一個選擇都可能在另一個時空造成負面的蝴蝶效應，讓我們一不小心就落入了知識和道德的下風，被人指出時，難免感到灰頭土臉，難免會想要反駁，就像我直覺地抓住了年輕人拿 iPhone 這一點，嘲諷他們自以為是的正義，雖然心裡獲得了一些痛快，但是無論對玫瑰產業或手機產業的勞工，都沒有絲毫助益。

用更溫柔的方式一起變好

時代社會不斷往前，我們今後也會持續被衝撞冒犯，被迫去檢視習以為常的一切。現在的台灣，「覺醒」和「正義」這兩個詞常被當作一種嘲諷，不少人認為「覺青」只是愛出風頭，想賣弄學問，甚至是為了名利。而我覺得就算真的是如此，又如何呢？人人都需要滿足內心自尊，也都多少想要追求名利，只是每個人的做法不同罷了。這些「愛出風頭」的人，讓我們在買玫瑰的時候能看到種玫瑰的人，在參加婚禮的時候能看到性別的過去與現在，在看鯨豚表演時能看到整片海洋。如果出了風頭，贏了名利，社會也能與時俱進，何樂而不為呢？

環保、性別、歷史，現代社會的每一個議題都複雜難懂，沒有人有時間和精力去涉獵所有面向，必須仰賴社會上有人願意把生命投注在某種議題上。聞道有先後，術業有專攻。我們有時候身處覺醒的一群，有時候落在後知後覺的一方，有時候在不同立場間徬徨。剛好在前方的人不用仗「識」凌人，一時在後方的人也不用覺得被冒犯，保持好奇和柔軟的腦袋，耐心傾聽，可以減少許多無謂的衝撞和撕裂。

第三章

另一種消費哲學

我想大家都對瑞典北極狐的 Kånken 背包略有耳聞，成立於五〇年代的北極狐重視保暖和運動機能，設計簡單好搭配，可以說是瑞典日常休閒風的代表。除了工作需要或是正式場合以外，瑞典男女老幼不管是上學、上班，經常就是一身這樣的休閒打扮。難怪剛來瑞典讀書的時候，班上一個日本同學問說，瑞典人怎麼每天都穿得像是隨時可以去健行一樣？

這當然也和北歐寒冷的氣候有關，有幾套保暖輕巧又易於活動四肢的高性能衣物，不管是每天的通勤或是戶外活動，都能好整以暇。瑞典人說沒有不好的天氣，只有不好的衣服，不管雪下得多大，學童們每天都一定會在戶外玩耍。這時保暖防水的連身外套、鞋子和手套，比什麼都重要。

瑞典的童裝品牌 Polarn O. Pyret 做工扎實牢靠，孩子穿了在雪地裡打滾玩耍一下午，回到家身子還是暖的，是每個家長心目中的首選。不管去哪家幼稚園，在衣帽間一眼望去，八成都是 Polarn O. Pyret 的經典款冬衣。瑞典孩子穿著線條配色簡單的禦寒冬衣，背著 Kånken 包，坐著像戰車一樣四平八穩的瑞典製嬰兒車，總是玩到連人帶車沾滿泥濘。

這些看起來貌不驚人的日常用品，定價卻都不是開玩笑的，雖然價格昂貴，但是一買就能長長久久。像是北極狐 Kånken 包的基礎設計在幾十年前就達到了「完美狀態」，外貌幾乎沒有改變，但是他們在車縫細節和永續生產等面向仍然不斷力求精進。我有個朋友三十多歲了，還在使用從小背著上學的 Kånken 背包。我懷孕時買了一台十幾年前在瑞典製造的 BRIO 中古嬰兒車，它在來到我家之前，已經陪伴了三個孩子成長，雖然小地方多有磨損，但骨架輪胎還是堅固流暢。

這些廠牌也致力於延長產品壽命，北極狐販賣各種保養用品，提供售後維修服務，Polarn O. Pyret 甚至在自家網站上建立了二手衣交流論壇，分門別類，讓顧客可以輕易買到該品牌的二手舊衣。在如此鼓吹消費的時代，這樣和市場經濟唱反調的銷售策略，可以看出北歐社會不一樣的消費哲學。

有生活品質的昂貴勞工

有一次我在學生的中文作業裡出了一道寫作題，問學生喜不喜歡買時尚名牌的衣服。瑞典學生大多對名牌興趣不大，而每個人都各有理由，但其中有個學生的回答，我覺得是一個很好的總結，她說：「如果我花更多錢買一

Polarn O. Pyret 的經典款冬衣，是瑞典爸媽的冬日首選！背著瑞典國民包——Kånken，加上線條簡單的機能衣，就是瑞典小孩的日常穿搭。

件衣服，我想要知道的是，這些錢是用來提升品質，用來發展更永續的生產技術，還是真的到了製造衣服的人手中？可惜現在人們花很多錢買名牌的衣服，常常是服裝公司老闆、廣告商和設計師賺更多錢，但是工廠勞工的收入沒有改變。」在買東西的時候，除了價格和好不好看以外，思考整個生產鏈對「人」和「環境」的影響，這樣便宜的價錢合理嗎？或者貴在對的地方嗎？這是一種有別於我長久習慣的消費哲學。

剛從台灣來瑞典的時候，我很不習慣瑞典的「不便」。在台灣，髮廊裡有人幫我洗頭、吹頭，早餐店裡有阿姨幫我做培根蛋，三更半夜有便利商店店員幫我熱宵夜，到了瑞典，這都是癡心妄想，原因無他，就是因為瑞典的「勞工太昂貴」了。後來我漸漸理解，「昂貴的勞工」這個在台灣聽起來很負面的詞，其實也代表著每個勞工和勞工的家人都能有一定程度的生活品質，而「便宜的勞工」是新興工業國家的一大優勢，而同時也代表著有一群「低端人口」，正過著你我都不想過的生活。

當企業負起員工生活或保護環境等社會責任，單價勢必會提高許多，各廠牌也必須致力於提升品牌形象和品質，以保住顧客的購買意願。同時顧客們為了享用這些高單價高品質的好東西，也會發展出成熟的二手和共享經濟市場。

我自己有小孩之後，才知道稍有口碑的童裝或是嬰幼兒產品，價格都讓人瞠目結舌，而我身邊的瑞典親友大多只是一般受薪階層，孩子們用的穿的卻總是好牌子，讓我百思不解，後來才知道，原來他們買的很多是中古貨，就算是買新品，也會愛惜使用，等孩子長大、用不到了就伺機脫手。

瑞典除了方便安全的二手販賣網站以外，各城市也定期舉行各種主題的跳蚤市場，人人都可以自由地去擺攤。在我住的社區裡還有個「以物易物市場」，家家貢獻自己不需要的衣物，give and take 各取所需，連買賣的手續都免了。我兒子從出生到現在，他的衣服幾乎全都是免費換來或是低價買到的二手貨，雖然不是新品，但都是無庸置疑的好產品。

瑞典幼稚園規定孩子們穿的衣服都要寫上名字，以免搞錯了。每次我在兒子的衣服上寫名字，都得先把前一個小主人的名字畫掉，有時前一個孩子的名字之前，還有另一個名字。Max、Viktor、Leo……，看著這些衣服被那麼多孩子穿過，我心裡總是暖暖的。

去年一個夏季午後，我第一次去逛馬爾默市立公園舉辦的兒童跳蚤市場，一進去就被滿坑滿谷的人們和各色產品驚呆了。我在一個攤販上找到了德國製造的Schleich動物模型，問當時在顧攤位的小女孩一個賣多少錢，小女孩看著我，歪著頭想了想，說：「一克朗（台幣四元）？」

這種動物模型一隻動輒就要台幣幾百元，所以我說：「妳確定嗎？」眼角餘光望向女孩身後不遠處的媽媽，她只是微笑看著我們，沒有干涉。女孩肯定的點點頭，於是我說：「我只有十元硬幣，我用十克朗跟你買這匹馬吧。」女孩睜大眼睛接過硬幣，轉頭跟媽媽說：「我賣了十克朗！」

臨走前我小聲和媽媽確認，真的ＯＫ嗎？她媽媽笑著說很多玩具他們也是二手買來的，沒問題。其實很多來擺攤販售的家庭，也不是想要賣多好的價錢，而是希望這些好產品的生命能在另一個家庭延續，不要淪為廢棄物。

那天用台幣四十元買到的德國製動物模型，手工塗裝精細逼真，如果去玩具店買新的，可是要價不菲。我不禁想起小時候母親在家做代工，徹夜趕工縫製一袋又一袋的小玩偶。微薄的薪水和時間壓力犧牲了品質，這些粗糙的小玩偶在商場大概只能賣幾十元，客人一時興起買來玩一陣子，一轉眼，就成了垃圾。為了盈餘，工廠壓低價格、壓低工資，卻和母親說，「沒辦法，生意難做啊！」於是母親趕工的時間更長了，這一切只為了讓更多人一時興起購買，然後成為更多的垃圾。

不過就是個玩具？

以前在學校念女性主義的時候讀到，男女分工的固化，從幼年時期的家庭生活就開始了，其中母親由於和幼童相處時間較久，在這個過程中更是扮演關鍵的角色。媽媽常會有意識或無意識地把「母親」的功能，比方說照顧、關愛等特質，複製到女兒身上，但對兒子就比較不強調這些。我那時坐在課堂裡心想，我以後當媽媽才不會這樣呢。

後來我的兒子出生了，過了近兩年，有一天我看到朋友同年紀的女兒在玩娃娃，幫嬰兒娃娃餵奶換衣服，我才猛然想起，我從來沒有給兒子買過娃娃，這個想法壓根就沒有在我的腦海中浮現過。於是，我來到不知道去過多少次的玩具店，找到一整排擺滿了各式各樣娃娃的走道，在這之前，我甚至從來沒注意到這些娃娃的存在。

但很快的我發現，這些娃娃數量雖多，卻都如出一轍，首先他們幾乎清

在一整排金髮碧眼的「洋娃娃」中，不同膚色、穿搭寫實，將繁複製程如實反映在價格上，如此「政治正確」的 Rubens Barn 手工娃娃吸引了我的目光。

一色是金髮碧眼的「洋」娃娃，而且九十九%都穿著粉紅色蕾絲花邊的衣服或是公主裝。我在整排陳列架上找到唯一比較喜歡的，是一個叫做 Rubens Barn 的廠牌。這個瑞典牌子的娃娃有各種髮色膚色，服裝也更寫實中性，看盒子上的說明，他們的每一個娃娃都是手工製造，平均每一個有超過一百個縫製步驟，十幾年來他們和中國同一家小型生產線合作，確保勞工權益。我一看價錢，倒抽了一口涼氣，最後還是牙一咬放進了購物籃。在走向收銀台時，我心裡不禁苦笑，我竟然要買這麼昂貴又政治正確的玩具，這簡直也太「白左」了。

「白左」是歐洲華人社群對偏左歐洲人的貶義戲稱，大抵從支持福利、性別平權、移民政策等政治傾向，到不吃肉不吃麩質等等生活習慣，都可以歸類為「白左」行徑。我在台灣雖然自許為左派，畢竟在台灣要成為左膠的門檻大概是全世界最低的，但和我的瑞典「白左」鄰居們比起來，我至多只算是中間稍左，他們有些想法，對我來說還是有點太「進步」了。

而如今我在玩具店裡的娃娃專區徘徊許久，最後買了一個典型的白左玩具，自己都覺得有點好笑。但是，回想起小時候清晨看到媽媽坐在客廳徹夜做代工的身影，我想，偶爾白左一下也沒什麼關係吧。

第四章
瑞典的公民社會

台灣人在向外國人介紹台灣的時候，常常說：「We are a democracy. 我們是一個民主國家。」語氣中是帶著驕傲的。

二〇一八年瑞典大選，我參加一個公民組織的培訓，成為「民主大使」。民主大使來自不同國家，任務是將瑞典的民主制度和投票方式推廣到不同背景的瑞典移民圈中。在許多來自非民主國家的學員當中，我曾經在台灣投過票，選出心目中的總統、議員候選人，算是少數中的少數。

圖　瑞典公民社會構圖

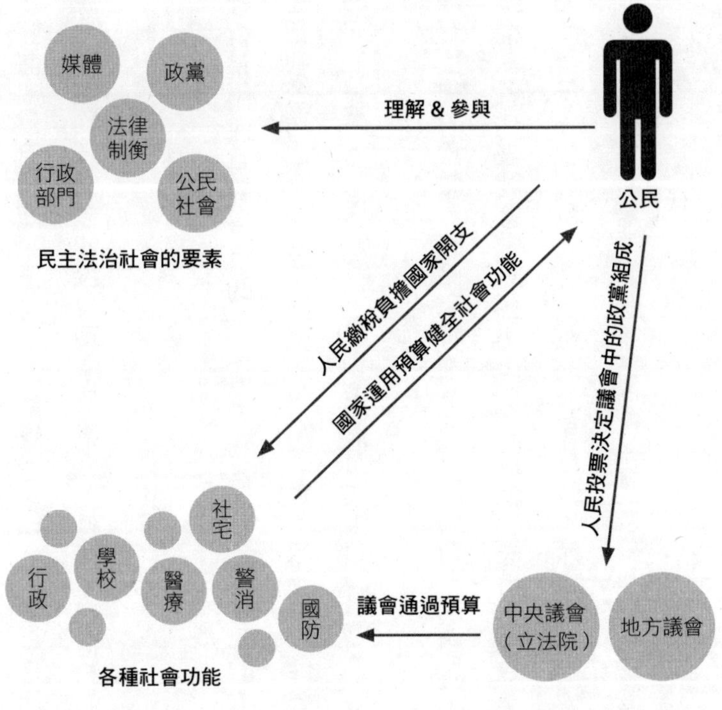

透過圖像解構，幫助初來乍到的移民圈能更快理解瑞典的社會運作方式。

這個組織製作了許多教材，解釋瑞典民主社會的構圖。這個構圖中有政黨、法律、媒體、政府機關，還有公民社會（Civil Society）。而公民社會的概念，別說是在座許多來自非民主國家的學員，就連來自台灣的我，都覺得有點抽象，難以掌握。

公民社會是由擁有同一目的、價值、利益的人們組成的。他們不是政府，也不是營利公司，介於公私之間，包括工會、自治會、非營利組織等。帶領研習的同仁強調，公民社會是讓民主價值滲透到社會各處的重要概念。

台灣擁有民主的政體，確保政府不會被少數人獨占。然而，擁有了民主政體和投票權，就代表社會中的各個角落都自動「民主」了嗎？看看生活中一個最普遍的例子：我們每天上下班的公司行號，無論是在民主或非民主國家，公司企業常常階層森嚴，資訊不透明，由頂端一小群人握有絕對的決策權，可以說是非常「不民主」的。

工會就是因應這種不民主而誕生的組織，旨在把公司行號裡不同階層的聲音都帶到檯面上，促進共同決策。在民主體制中人民的籌碼是選票，在工會組織中，勞工的籌碼則是勞工法和罷工權。

人不自私，天誅地滅，公民組織確保每個族群都有自私自利的管道和影響力，達到力量的平衡，如此而已。

人人都可以參與決定

「謝謝大家來參加這個會議，首先我們來推選會議記錄。」

在座的人沉默半晌，一個人舉手說：「這次我來記錄吧！」

「好的！接下來我們一起走過一遍我前幾天寄給大家的議程，請大家隨時提出想法。」

「我有個想法。我們開會時常常忘了休息，結果討論時間拉得太長，大家精神無法集中，我提議推選一位休息負責人，提醒大家休息時間。」

「不錯的想法！有誰想要擔任休息負責人？」

一個新面孔舉手說：「我是第一次來參加會議，但這個職責我應該能勝任。」大家聽了都笑了。

「好的，那就請你每小時提醒大家休息！」

在瑞典生活越久，越常發現自己置身各種自治會議當中。工會、幼稚園的家長自治會、住宅居民自治會……等，每月、隔月的會議安排，自然而然地成為了生活中的一種韻律。這些會議關乎每個人生活的大小事，時而帶著隨性詼諧，但是基調卻是無比認真。

基於自己的興趣和時間安排，每個人涉入各種自治組織的積極程度都不一樣，但只要願意，都能輕易加入或退出。大人物們在天邊做重大決定時，小人物們也認真參與生活周遭的自治組織，去影響切身環境，追求切身利益，這是我在瑞典看到的民主社會完整構圖。

瑞典的工會普及率接近七十％，教師、公務員更幾乎人人都是工會的一員。幾年前，我成為任教大學的工會代表之一，剛被選上成為代表，我就收到瑞典高教工會寄來的工會代表線上教育課程，深入簡出地介紹了瑞典工會的組織和程序。從第一課開始，「ＭＢＬ」這三個字母就不斷出現。

「ＭＢＬ」（Medbestämmandelage）中文的翻譯是共同決策法（Co-determination Act），是保障瑞典職員和管理階層有共同決策權的法條，職場上所有的重大改變，從新上司的面試僱用到經營、庶務面的變動，決策層都必須先回應工會的質疑，才能下決定。

這個程序和瑞典工會文化有很深的淵源，甚至成了瑞典語中的一個常用動詞，例如：「這項人事變動MBL了嗎？」

涉入工會事務，我才進一步了解瑞典工會MBL程序的無孔不入。比方說，每一次僱用管理階層的面試場合，必須有勞工代表在場，應徵者必須回答代表從勞工角度提出的問題，工會並以此提出聘用建議。某次在工會代表會議上，有代表發現學校一場理事會議沒有經過MBL，在座主席馬上給上司發了一封郵件詢問原由，發完之後大家繼續開會，過了不出十分鐘，主席就收到上司回信致歉，並許諾會立刻確認。

工友阿北，居然捧副館長的門？

問問身邊已經退休的瑞典親友，每個人在大半輩子的職涯中，無論是從一般職員或管理職的角度，多少都對MBL有一些切身經歷。我的婆婆自圖書系畢業後，從地方圖書館館員做起，到成為一省的圖書館長，歷經中高階管理職位，她一直很涉入工會事務，也意識到自己和工會的互動關係不斷在變化。

她印象最深刻的一次，是她剛升上省立圖書館的副館長時，要負責省內正在新建的兩間小圖書館，每天都被一籮筐的決定和執行追著跑。某天，維護圖書館環境的單位負責人，也就是台灣俗稱的工友阿北來到她的辦公室，氣急敗壞地說：「新圖書館的地板是你決定的嗎？你為什麼沒有MBL？」

我婆婆這才想到，前幾天她在匆忙中選了新圖書館的地板。因為她希望圖書館看起來更有朝氣，所以選了明亮的白色。沒想到工友拍桌子大罵：「你懂什麼？你知道這種顏色和材質的地板有多難清理維護嗎？到時我們團隊多付出的工作時間，請圖書館買單！還有下次如果你不確實MBL，我保證讓你被炒魷魚！」

話說完，他就摔上門走了，留下我婆婆一個人在辦公室裡又氣又懊惱。她從踏入職場以來，就常透過工會向上層抗議抱怨，沒想到一升職，就嘗了MBL的苦頭。

在後半段的職涯中，她對MBL有很多正面和負面的經驗，但她對我說：「現在我平心靜氣地回想，我有太多為了『效率』兩個字而匆促下的決定，最後牽連到各階層同仁，反而造成更多麻煩。這些是我在當下沒辦法察覺到的。」

社會主義，一種看事情的角度

今年初瑞典氣溫陡降，連日大雪，我到每週末開市的戶外菜市場買菜，沒買到我喜歡的佛手瓜。我問老闆下週末會不會進貨？老闆說：「我不確定，下週末如果氣溫低於零下五度，我們就不會開市。」我說：「也對，這麼冷蔬果都凍傷了。」老闆聽了一笑，說：「這是工會規定，是保護賣蔬果的人。」

幾年前我搭乘斯堪地那維亞航空，機票上說可以帶兩件二十公斤的行李。前一天晚上我打包了一件三十公斤，一件十公斤的行李，想說總重沒有超過四十公斤，應該沒問題。到了機場櫃台，工作人員說一件行李不超過二十公斤是為了保護行李搬運工人背部不受職業傷害，並要求我重新分配行李重量。

在台灣，「社會主義」常被視為造就共產極權的罪魁禍首，又或是「覺青、左膠」詞彙；但在瑞典，社會主義不過就是一種看待事情的視角。瑞典學生從中學就開始接觸勞工史和社會主義，到了高中大學階段，無論是修政治、經濟、性別、教育或文學課，在課堂上一定都會閱讀馬克思主義視角的文本。馬克思主義當中的一個中心思想，就是階級衝突。在財富和資源自然走向兩極化的資本主義社會中，菁英階層永遠會擁有最大的話語權和影響力，相對弱勢的階層如果沒有一個聯合發聲的機制，則往往成為無聲的一群。

身為台灣人，我一聽到階級衝突，就會馬上聯想到恐怖的共產統治。馬克思理論主張推翻資本主義，從根本改變人類的未來。然而共產體制在經濟理論上也許能成立，在政治實踐上卻禁不起考驗，加上各國共產黨統治階層壟斷權力，高壓極權和激進錯誤的經濟改革釀成人類史上重大浩劫；從此，馬克思主義和社會主義，尤其是在美日台等「反共陣線」國家，也成為一種罪惡，一種禁忌。

記得線上遊戲《返校》上市時，我在瑞典家裡玩到深夜，第二天去造訪婆婆，看到她坐在沙發上信手翻閱瑞典左翼黨的黨刊《無產階級週報》，報上的漫畫欄把瑞典總理畫成資本家膝上的溫順小貓，在逃漏稅的大老闆頭像上畫上箭靶。想起前一晚《返校》遊戲中的師生們才因為「散布左翼思想」而被處以極刑，一片淒風血雨，不禁有種恍如隔世的感覺。

共產社會終究沒有成真，但是馬克思主義對資本主義社會的批判仍是進行式。在歐洲和紐澳加等地，社會主義找到了一個和自由經濟和平共處的方式，存活了下來，瑞典工會和MBL就是一個典型的例子。與其說MBL是階級的「對立」或「衝突」，我覺得更像階層之間的「磨合」和「理解」。階層之間的冷漠與拒斥除了權力不對等以外，也常來自於缺乏共通經驗——如果沒有清潔過白色的地板，如果沒有站在天寒地凍中賣菜，或是日復一日搬運沉重的行李，誰又能體會箇中滋味？這也顯示出一個保護各階層聲量和權利的組織和制度，是如此重要。

借鏡瑞典，反思符合台灣的工會模式

如果你問我社會主義是什麼，我會說它是一副隨時可以戴上和脫下的眼鏡，這副眼鏡本身不是什麼信仰或解藥，卻可以讓我們看清一些東西。

目前台灣的工會覆蓋率是七％左右。雖然近年來有穩定成長，但仍屬於勞權意識較貧瘠的土地。要如何灌溉這片土地，讓意識和制度發芽，是台灣眼前的一大課題。

除了讓意識在本土發芽之外，借鏡海外制度時也必須格外小心。勞工組織營運的方式和政黨、政府的關係千變萬化，各國風貌都不盡相同。比方說瑞典的MBL有一個致命的缺點，那就是它必須仰賴像瑞典如此強大的工會規模，否則只會淪為形式，因此大多國家其實都不採取瑞典的做法，而偏向直接以勞工法條規範企業，工會活動重心則放在遊說立法機制，以及確保執法力度。

在台灣，華航可以用「玷汙華航形象」、「企圖破壞勞資和諧」等罪名，對工會幹部做出解雇和記過的處分；華航前董事長何煖軒可以大刺刺地揚言「在我任內華航不會再罷工」，這在許多重視工會的國家，簡直就是天方夜譚！在這樣截然不同的風土下，還是必須綜觀海外各種做法，摸索出最適合台灣現況的道路。

瑞典制度不一定完全適合台灣，台灣人卻能從瑞典式的思考和修辭中獲得許多激盪。試想，今天如果是台灣的工友阿北跑去主管辦公室理直氣壯地大罵主管，然後摔門離開，故事情節會怎麼走？

「你不想擦地板，還有很多人想來擦！」我想，主管馬上就會讓他捲鋪蓋走人吧。然而劇情一定要這樣演嗎？有沒有其他的可能？

團結很重要，但絕不美好

瑞典工友敢摔主管的門，是因為他有工會給他撐腰。一根筷子折得斷，一把筷子折不斷，團結力量大的故事，總是那麼感人美好。

不過，在瑞典參與各種自治組織，在對團結多了點深刻領會的同時，也少了點浪漫情懷。勞工要團結，是因為除了團結我們實在沒別的選擇。團結也代表著龐雜的利益和意見都彙聚一堂，可以想見能消磨多少資源和耐性。

在組織裡要協調所有人的想法絕非易事，有些人說話叨叨絮絮，有些人想法偏激，有些人缺乏理性。在會議上必須耐著性子聆聽，隨時做好妥協的準備，與會者吵得臉紅脖子粗的情況也很常見。但是我發現大多瑞典人還是能往後退一步，從體制全貌去看待各種磨合。我婆婆和工友之間的爭吵是基於他們各自代表的兩個層級，並不關乎個人。

我婆婆唯一一次和同事撕破臉，是在她升上高階管理職時，她發現自己手上籌碼夠了，不用再團結了，於是她退出工會，跳過繁複的工會集體協商，直接和上司商議薪水。許多同事和屬下認為她此舉傷害了工會團結（Solidarity），有個和她感情不錯的同仁，從此和她斷了私交。

全世界最討厭工會的人

全世界最討厭工會的人，大概非福特汽車的創始人亨利．福特（Henry Ford）莫屬了。福特提倡「福利資本主義」，認為資本家聰明地提升勞工福利，能促進整體繁榮。在一百多年前，他將員工薪資大幅提升兩倍（當時每日五美元，相當於今天每日台幣三千多元），並保障每日工時不超過八小時，這在當時是驚世駭俗之舉。結果證明，福特車廠吸引了全底特律最好的工程師，生產技術大幅進步，其他車廠為了競爭也不得不跟進。

技術提高帶來生產成本銳減和效率大增，車輛開始量產，美國的中產階級和領高薪的車廠勞工，人人都能買得起車子，刺激消費，一舉提升經濟，「福利資本主義」一時聲名大噪。現在美國有很多提供員工高度福利的著名企業，深信員工福利可以帶動效率和生產，就是依循這樣的哲學。

福特認為資本家應該對自己的資產和員工有百分之百的責任，也要有百分之百的控制。他致力於將收益回饋員工，回饋基準則由他全權把關。他設立調查部門，在員工之間佈滿眼線，評點員工的各種行為，並以此為分紅依據。這個調查部門也確保員工和工會組織沒有任何接觸。他雇用專家分析要如何停止工會發展，並雇用警衛防止工會分子潛入，以暴力威脅內外工會勢力。一九三七年五月東窗事發，福特公司警衛圍毆工會成員的照片登上全國媒體，這個事件讓美國汽車工會終於進入了福特車廠，也成了美國汽車工會在底特律壯大的推力之一。

時代更迭下的工會角色

說到美國汽車工會，這幾十年來汽車工業大城底特律的衰敗，大概是台美反工會陣營最愛津津樂道的警世預言，他們再三告誡，如果不是因為汽車工會過於強勢，需索無度，底特律的汽車產業不會走到如此境地。如果把同一個問題拿去問瑞典人，可能會得到截然不同的解答。

由於科技革新和全球化，產業必定會不斷更迭，從煤礦、造船、造車到電子業，每種產業都足以促成一個城市的興盛和衰敗。瑞典沿海有很多中型海港城鎮，例如蘭斯克魯納市（Landskrona）就是一個典型的例子。走在這個曾風光一時的港口工業城，在蕭索的市中心，不時可以一瞥過去全盛期的風采。在八〇年代，這個城市的居民大多在港口工業區工作，後來港口工業重心轉移到亞洲，歐洲許多港口城鎮都面臨凋零衰微的命運，這是從工業化以來不斷重演的歷史，絕不會有人怪到工會頭上。

當一個單一產業結構的城市面對衝擊，資方多能隨機應變，帶著財富和資源另闢戰場，而倒楣的往往是頓失生計的居民，被時代遺棄和犧牲。多虧了工會爭取資遣條件，小鎮居民更有能力籌備轉行或搬遷，避免陷入長期貧窮的循環當中。

底特律是一個典型的單一產業工業城，除了二戰後歐洲和日本汽車產業興起帶來的衝擊之外，種族矛盾、金融危機和油價高漲，都是讓美國汽車產業步步下滑的因素。而其中，美國汽車工會基於歷史淵源，也有官僚化、腐敗與黑道涉入的重大問題，讓過去半個世紀以來不合時宜的企業養老金制度無法得到調整。工會運作也絕對有失當的可能，因此瑞典社會重視協調和約束勞資雙方的力量，嚴格檢視工會舉措得失。但同時也深知工會不會是產業衰敗的罪魁禍首，並認同工會存在的必要性。

第五章

公民自治的意義

瑞典有個喜劇節目，描繪了一個完全追求經濟自由主義的小鎮，堅持把政府最小化，一切任由市場經濟自由發展。這個短劇的主角是個計程車行老闆，警察服務私營化後，他決定來分一杯羹，也開了一間警察公司，為顧客們提供巡邏和拘捕嫌犯的服務。他和鎮內其他警察公司競爭，為追求最大利潤各出奇招，還提供不同價格的警察服務套餐供市民選擇，非常搞笑。

現在幾乎全世界都是自由市場的一分子，北歐也不例外，供給和需求這雙看不見的手，加上資本主義保障私人產權、促進生產，塑造了現代人的經濟生活面貌。除此之外，我們也都需要有公權力的政府，提供警消、法治、醫療、教育等公共服務，每個人民都是公共服務的出資者和利用者。

這齣喜劇將警察這個最典型的公共服務私有化，顯得十分荒謬可笑，但是回頭想想，有很多服務就如警察一樣重要，例如和每個父母、每個小寶貝息息相關的幼兒托育，在台灣也是完全依照自由市場的叢林法則，以追求最大利潤為宗旨，想到這一點，似乎又笑不出來了。

然而無論是市場或是政府，都是強大而遙遠的力量，小小人民除了每隔幾年投一次票，決定大方向之外，平時總是處於被支配的立場，產生身不由己的焦慮和不滿也是很自然的。瑞典人嘴上在罵政府和資本主義的同時，雙手也沒閒著，透過公民社會，自己掌握要緊事。

在上一章我以自己參與工會的經驗，介紹了瑞典工會如何將民主帶入職場，除了工會以外，我也參加過合作社幼稚園②的家長自治會、租屋房客協會，和鄰里的居民自治會。

勞工、家長和居民，這基本上涵蓋了每個人在生活上最切身的角色。基於自己的興趣和時間安排，每個人涉入各種自治組織的積極程度都不一樣，但只要願意，都能輕易加入或退出。

健全租屋市場的房客協會

有天在家裡突然有人來敲門，打開門，一名親切的年輕男子說自己來自「租屋房客協會」（hyresgästföreningen），想向我介紹成為會員的好處。「房客協會？」我坦承自己從來沒聽過這個組織，然而當時我不太懂瑞典語，他也不諳英語，所以他遞給我一份資料，請我上網查查協會網站上的英文資訊。後來在網路上一查，才了解「房客協會」的性質其實和工會很類似，如果說工會的作用是平衡勞資關係，房客協會就是透過房客的團結，平衡房東與房客關係的組織。瑞典約有一千萬人口，三百萬餘戶人家，其中有一百多萬戶是租屋族。這裡約有三分之一是房客協會的會員，而瑞典房客協會在全國有一千多個地方組織。

一百多萬戶的房客，也就是瑞典三成的人口正過著租屋的生活。租屋房客一般包括學生、未成家的年輕人、處於人生過渡時期的人、銀髮族等族群，幾乎每個人的人生中，多少都會經歷租屋的時光。租屋的人橫跨了如此廣大的人口，其中也包含較弱勢的族群，而「住」又是生活當中的一大環節，面對佔有絕對優勢的房東，房客協會提升整體居住條件和生活品質的普遍性和重要性，比起工會，絕對是有過之而無不及的，然而我卻從來沒有聽說過，也根本沒有去設想過把房客組織起來的可能性。

---

② Co-op 合作社幼稚園，是由家長和教職員共同參與校園營運的一種教育機構。家長可以擔任老師助手、會計總務或其他任務。因為家長分擔工作而省下來的支出，可以再投資回幼稚園，提升育兒教學品質。

同時我也納悶，在勞資進行集體協商時，勞工有罷工這個終極手段，但是房客們總不能集體「罷住」，流落街頭吧？我每個月繳八十五克朗（約兩百多台幣）成為會員，真的有效用嗎？某天家族聚會，我得知在場有位親戚在「房客協會」擔任律師，就向他提出這個問題。他說，和工會相比，房客組織手上的確沒有那麼多籌碼，但還是有各種對策。比方說，如果有房屋的居住環境不符合合約的要求，例如冬天太冷了，或是維修不當，那麼「房客協會」可以把房客繳的房租先交由第三方（一般為公家機關）來管理，房東必須把問題解決了才能提領。我聽了恍然大悟，原來還有這種作法！

除此之外，房客協會靠著會員費用的收入，可以雇用專業人員提供法務諮商、針對住房議題進行深度研究，以及在政府機關進行遊說、草擬法案等等。他也指出，房客協會的宗旨並不是無限度的膨脹房客權益，而是健全租屋市場、提升整體住房環境，因此必須清楚界定房客和房東雙方各自的權益和義務。房東不能隨意決定房租或中止租約，相對的，房客也不能強佔或破壞房屋。和工會一樣，瑞典有許多政黨或政治人物和房客協會有很深的淵源，住宅政策也大幅決定了民眾對政黨的信任和支持程度，在本書第二部將對住房與政治有更多著墨。

你住的社區你決定

除了租屋以外，住宅居民自治會（bostadsrättsföreningar）可以說是目前在瑞典最普遍的居住形式。在這樣的社區裡買下一間住宅，只是買下個別居住空間，而整個住宅區則是由居民自治會共同經營管理，並由居民每月付費支持。這個費用從水電管線、公園、停車場，到休閒娛樂活動，包山包海，每月費用可能高達台幣一到兩萬元。這有點類似台灣的「管理費」，但在瑞典是由居民自己組織管理。

這種在歐洲很常見的住宅形式，可以說是對房地產的另一種想像——在擁有私人空間的同時，和左鄰右舍共同出資出力創造一個「社區」。我在瑞典住過許多社區，參與過大大小小的居民自治組織。各個社區居民依自己的需求，用自己的方式，解決自己的問題，共同打造理想的生活環境。

我現在住的地方屬大型社區，居民自治會組織龐大，分成建築、園藝、安全、活動等不同部門，儼然是個小政府。而每十幾戶人家又被分為一個小區，有各自的經費，共同打理一個小公園。

前陣子安全部門開會後向大家宣布：基於安全理由，明年社區會出資翻修各小區裡的兒童玩具房（play house），以達到歐盟安全標準。當時我住的小區公園裡沒有這種玩具房，所以不在維修對象之內。這時住在隔壁的小聰明爸爸寫信給左鄰右舍說：「我們現在趕快去買一個二手的玩具房，這樣明年就可以得到社區資助翻修了！」沒想到他的這番話讓許多鄰居不以為然，另一個爸爸回信說：「我認為這樣的心態對社區的長期經營是不利的。」

即便大家有各自的立場與想法，彼此之間卻也不會傷了和氣。在我們的社區停車場四周有一排橡樹，這種橡樹在夏天會掉落黏液，黏在車上不但很難清洗，久了還會侵蝕烤漆。為此社區裡分成了擁車派和擁樹派，擁車派想把樹都砍了，社區裡的愛樹人則堅決不砍樹。兩方人馬分頭調查解決方案所需要的經費和可行性，頻繁地在社區布告欄、網站上對全社區發布信息。擁車派的精神領袖 Steffan 多次在會議上和人相持不下，吵得滿臉通紅，但同時他也定期在社區中心擺攤賣可麗餅，這時無論擁車派還是擁樹派，大家都帶著孩子共襄盛舉。

除此之外，居民們也曾透過居民自治會的力量左右市公車的路線，甚至影響地方的交通建設。社區中心裡放著一些歷史照片，其中一張是在八〇年代，那時市政府打算在社區裡開一條車子能經過的馬路。為了維持社區內沒有車輛的環境，在開工那天，社區居民在怪手前面擺桌聚餐喝咖啡，阻止工人動工。一直到現在，這個社區裡都沒有車輛通行，孩子們可以安心玩耍。

記得小時候在學校都要選自治市幹部，每次都是成績好的同學當上「自治市長」，接著就不了了之，而在多年之後，我才從瑞典社區生活中領會自治的意義。

打造公民社會，從勞權和教育開始

和瑞典相比，公民社會可以說是台灣民主失落的一角，台灣人也投票，也罵政府和資本主義，但是卻較少有管道和平台讓一般人組織起來，追求切身利益。我想這主要是因為台灣民主化較晚有關，就在三、四十年前，參與公民運動很可能會面臨牢獄之災。走出威權時代，我們的公民社會還在萌芽，而我認為打造台灣的公民社會，可從推動勞權和教育開始。

瑞典工時合理，勞權有保障，人人有點錢、有點閒，所以參與公民社會的門檻和成本相對很低。而在台灣，可自由支配的時間是很珍貴的，如果不是受到某議題的強烈感召，不太可能犧牲和子女家人相處、休閒健身的時間，去參與各種組織。要維持保守的社會其實很簡單，只要讓人民疲於奔命，沒精力去做改變就好了。台灣勞工沒有時間和精力去參與工會降低工時，種種弔詭現象令人感嘆。

除了合理的工時之外，教育場域也是培養民主習慣的起點。我發現瑞典小孩寫完閱讀感想時，總是不忘批評作者，寫出這本書或文章可取和不可取之處。我在大學教中文，常常有瑞典學生來問我：「能不能請你說明這個作業題型的教學目標？我覺得這些練習很花時間，但是對學習效果不大。」

我有個朋友是圖書館員，他有次去應徵一所高中的圖書館員職位，在面試場合坐著一位學生會代表，從學生的角度問了他許多問題。我朋友從沒想過自己會被高中孩子面試，覺得有點好氣又有點好笑。

我自己想想，從小到大寫了那麼多讀書感想，我總是覺得作者好偉大，從來沒有想過要批評作者。從小到大寫了數不清的作業，我也沒想過要質疑老師的教學方法和習題的教學目的。現在在瑞典被學生質疑，我沉住氣和學生對話，常能從中確認自己的教學觀，有時甚至會發現學生說的也不無道理。

如前章所述，瑞典MBL法條規定，管理階層的理事會議以及應徵管理階層的面試場合上，勞工代表有權在場參與，管理階層也有義務回應勞工代表提出的疑問和建議。不過想像一下，勞工要參加未來老闆的面試，質詢未來的上司，這是一件多嚇人的事情！

參與公民社會是需要勇氣的。需要敢於相信自己的權益，敢於質疑權威和頂頭上司，敢於掌握主動權（take initiative），還有不依賴權威的勇氣。瑞典學校讓學生面試教職員，讓孩子從小做好準備，長大後也能理直氣壯的面試上司。

記得以前在學校每週都有中心德目，其中一個德目是「服從」。從窗戶望出去，有穿著軍服的人在校園裡維持「紀律」。在課堂上，學生通常不過問教材和老師的教學方式。布告欄上貼著品學兼優的「自治市幹部」和「模範生」，這些學生可以接受官員頒獎，里長獎，市長獎，越優秀，頒獎的官位越大。整個義務教育，都是處於抬頭瞻仰權威和菁英的姿態，如果我們未來的公民還有一點勇氣和自信，也會一點一滴被消磨殆盡。

「Taiwan is a democracy.」我們語帶驕傲地說。但是我們的生活各個角落，還存在太多不民主。我相信從教育、勞權著手，是釋放台灣公民能量的第一步。

PART2

在瑞典看見不一樣的公民文化

第六章

瑞典式選舉

每年瑞典政府的國家年度預算案出台，都是受各界矚目的大事，各家媒體爭相對預算案進行報導分析，哪些地方多花錢，哪些地方少花錢，直接反映了一個政府的方向和定位，也烘托出選民的期待。

其中有個很有趣的餘興節目，就是秤一秤每年預算案有「多重」，從地方到中央的預算案厚厚一大本，通常都會超過十公斤以上。然而二〇一九年的瑞典年度預算，卻少了好幾公斤。

這是因為二〇一八年瑞典舉行大選，由於近年來瑞典基於難民危機而促成反移民極右黨的崛起，政治生態驟變，所以被選入國會內的八個政黨，遲遲還無法決定他們要如何合作組織執政和在野聯盟，也就是說，瑞典的國家決策單位——政府，一直未能成型。

同時，瑞典各政黨的議員已經按選票比例在議會就定位，行政立法司法機制還是維持運作。因為最高決策層還沒有出台，目前預算的配置只能採取最中立的立場，沒有一個政黨覺得滿意，但也沒有一個政黨特別反對。也就是說，這是一份「無色無臭」的預算案，它現在正躺在瑞典國會的桌上，等著即將問世的政府來增添修改，將這份預算染上自己的色彩。

歐洲從十六世紀開始漸漸從諸侯封建演變為國王集權，許多國王喜歡四處征戰，有時一出征就是好幾個月，他們在國內設置更獨立、穩定的公部門，讓國家在沒有國王決策下也能照常運行。瑞典在十七世紀時也建立起這樣的制度。

進入民主代議時代後，國會中的政黨取代王室掌握決策權。近代歷史上，瑞典其實不止一次經歷政治生態變遷導致政府難產，這時就好比國王出征了，瑞典像打著空檔的車，暫時朝著大家都不滿意但也不特別反對的方向滑行。這個狀態會持續到政府成形，執政黨坐上駕駛座，掌握方向盤、油門和剎車，開始以他們的方式行駛。

這輛車會怎麼開呢？要徵多少稅，怎麼徵，從誰身上徵？要把稅收花在哪裡？要追求平等福利，還是鼓勵競爭卓越？這所有的問題，都會基於意識形態不同而有完全不同的答案。

一個國家的政治氣候不斷在改變，道路蜿蜒崎嶇，一直用同樣的方式行駛容易走偏或失速，讓不同意識形態互相競爭辯論，有時換個駕駛，可以避免偏離車道。我認為這是民主代議制的本意，也是最有效的運行模式。

台灣的選舉制度歷史並不算長，原本也是拼湊模仿而來，還有持續檢討的空間。世界各國的選舉制度五花八門，可以說是有幾個民主國家，就有幾種選舉文化。瑞典的制度不是完美的，民主制度本身就不完美，只是目前最能制衡濫權、反映民意的政體。而我在瑞典的選舉中看到幾個和台灣很不一樣的地方，從這些不同，也許可以激盪出我們對台灣選舉的一些反思。

不是選賢與能，而是選方向

在瑞典選戰中，很少聽到候選人強調：「我保證選上後一定會盡忠職守、正直清廉」云云。在激烈的政策討論中，這樣空口無憑，毫無內容的喊話，聽起來簡直就是兒戲。官員就像老師、護士一樣，都是一種職業，履行職責義務是最起碼的前提。在短暫的選舉活動中，要選民判斷哪一位候選人最「賢能」，是不合理的要求，更不是選舉的重點。

「選賢與能」其實是一個很老舊的用詞，從封建時代世界上各政權都希望官員要「賢能」，但是千年來不管怎麼甄選怎麼考試，不管選民的雙眼再雪亮，無能貪官仍然層出不窮。現代民主體制乾脆以官員都不賢能為前提，設立各自獨立、互相制衡的權限（check and balances），再加上在野監督，媒體看守，反而能讓官員比較不敢不賢，不敢不能。

在瑞典，人們知道賢與能不是選出來的，也知道國家經濟景氣跟著全球景氣循環脈動，不是一個政黨任期內可以「拚」出來的。不選賢與能，不拚經濟，瑞典人要怎麼選擇政黨？

沒有一個政黨會故意讓經濟倒退，但對貧富分化卻常常睜一隻眼閉一隻眼，因此瑞典人民更在乎「資源的分配」，也就是「意識形態」。意識形態這個詞包含很多面向，而在瑞典主要用來探討社會資源的運用和分配。總體來說，偏左贊成高稅收高福利，政府要夠大才能適當分配資源；偏右贊成低稅收多獎勵，政府要夠小才能確保個人自由。瑞典各個政黨都有很明確的黨綱和黨章（party program），每位學生也會在義務教育階段的課堂上一一認識各政黨的意識形態。

瑞典選舉前夕，民眾都守在電視前觀看政見發表會，這個發表會上的第一個問題，常是請各黨代表在意識形態的光譜上為自己的政黨定位。除了前瞻性的政見發表以外，瑞典媒體也為選民整理回顧各政黨過去四年在議會中贊成和反對了哪些政策和法案。如果一個政黨的黨綱和行動出入太多，只會失去選民的信任。

在台灣，「意識形態」一詞和左右沒什麼關係，主要指的是統獨。我觀察台灣選舉情勢，發現台灣主要政黨雖然幾乎不談左右，但在此同時，各政黨或候選人為了獲得選票或資助，也都懂得要一邊給民眾偏左的遠景，承諾提升勞動環境、保障居住權等，同時一邊給企業和地主偏右的擔保，提供優惠資方和地主的低稅收，並放任勞動力、房屋租賃和買賣市場，不加以規範。這種自相矛盾的許諾，最終往往演變成偏左承諾一再跳票，這是台灣民主發展的第一個僵局。

而在統獨方面，國家認同是台灣當前面臨的嚴重課題之一，統獨立場常可以壓過社會資源配置的問題和其他的一切。台灣候選人揚起一面面認同的大旗，民眾看著各種承諾一再跳票，卻也不得不選擇一面大旗靠攏，這是台灣民主發展的第二個僵局。

要打破此僵局，台灣的意識形態必須擴展為統獨、左右的四個象限，認識到統獨和社會資源配置是同等重要，也是可以同時兼顧的議題。選民聆聽政見時緊追這兩個軸心，讓政客無法繼續聲東擊西，顧左右而言他。

更深度的瑞典式「拜票」

觀察瑞典大選對我來說最直接的衝擊，大概是瑞典的選舉活動很安靜。

沒有造勢晚會，沒有巨大看板，沒有瘋狂播放候選人名字的宣傳車，因為這些都是受嚴格規範或禁止的。

但是如果進一步了解，就會發現瑞典選舉一點也不「安靜」，只是從政者和選民的交流更精確深入。瑞典傳統報章的版面大致分成兩部分，一是報導，這部分新聞講求忠於事實，完全不帶任何個人或報社的感情和立場；二是評論，其中包括專業記者、編輯們發表的時事點評，還有一個非常重要的投書辯論版，這裡是各界人士公開辯論的場域。在投稿辯論文章時，可以指定辯論對象，要求對方回答質疑。在瑞典各大報的辯論欄裡，時常可以見到各部門官員、議員、甚至一國首相針對具體政策寫的辯論文章，在選舉期間更是如火如荼，精彩激烈。

到了選舉前一個月，各個市鎮的廣場上會架設一間政黨小屋，民眾可以直接前往和各政黨的代表對話。小黨候選人則會在家庭、社區裡舉行小規模討論會。每所中學也會在校內舉行模擬大選，邀請各政黨的地方代表到學校進行辯論，也讓學生把選舉議題帶回家和家人討論。

瑞典的選票是各個政黨分開的，想要投哪個黨，就拿該黨選票投入投票箱。選票上除了黨名，還有該黨推舉的候選人名單。如果有特別中意其中一位候選人，可以勾選他／她的名字，如果沒有勾選，各黨就按照這個候選人名單上的順位推派議員進入議會。

瑞典選民大多不會勾選特定候選人，而只選政黨。既然每個候選人都是政黨集體意識的體現，那麼選哪個人其實沒有什麼差別。

在台灣的選舉中，讓民眾記住名字，似乎比了解政策立場還要重要百倍。於是候選人瘋狂重複自己的大名，瘋狂投資看板和傳單。根據台灣印刷業界人士指出，每次選舉都是印刷業的盛大嘉年華，而業界統計，投資在印刷品上的資金多寡，對選情結果的確有直接影響。而這些印刷品通常少有具體政見，大多是斗大的名字，或是攻擊對手的黑函。台灣多少珍貴的民主資源，被浪費在昂貴又無意義的宣傳活動上？

每個民主國家對個人政治魅力和政黨集體意識的偏重程度都不同，瑞典是一種極端，美國又是另一種極端，不管是哪一種，空泛、浪費、擾民的掃街拜票都是可以規範和避免的選舉活動。

民主參與的門檻不是錢

記得我在瑞典念研究所的時候，有個同學參加了市議員選舉。我那時第一個想法是，選議員？原來他家那麼有錢？

參加選舉必須要有錢，這是我從小根深蒂固的觀念，後來才知道，原來在瑞典參選完全不需要繳納保證金等費用，所以沒有收入的學生參選也是常見的事。而且瑞典議員的職務通常不是全職的，有的議員在當選後仍然持續自己的學業或工作，有的另外在政黨內擔任職務。

台灣和世界其他民主國家相比，參選費用出奇地昂貴。這一點的用意，似乎是要避免光怪陸離的人都來參選，浪費選舉資源。但是這麼做，對於政策方向對資方財團較有利的政黨（偏右政黨）來說，會站在極具優勢的起跑點上，可能選舉活動還沒開始，各企業財團就已經排著隊，將獻金雙手奉上。加上現在台灣選舉活動鋪張花錢，許多候選人在選舉上投入的費用，比當選後四年的薪水總和還高，甚至大黨的黨內初選就可能燒掉幾百萬，這中間有什麼端倪，或許大家也都心照不宣。

同時，站在勞工小民這一邊的政黨，則需要拚命募款。勞工小民為了在行政立法機制中有屬於自己的聲音，首先必須資助站在我們這邊的候選人取得參選資格的門票，有了門票，還得花大錢買看板廣告，否則只能眼睜睜看著自己支持的候選人名字，淹沒在其他候選人的猛烈宣傳當中。看到這樣的情況，也不難理解為何台灣的政治生態會如此缺乏站在民眾這一方的聲音。

在瑞典參選不需要繳費，難道沒有政見極端或怪誕的人參選嗎？這自然是有的，從納粹黨到穆斯林黨，什麼人都有。人人都有參與政治的基本權利，這也是民主精神的基礎。然而政治的辯論競爭是很激烈無情的，政見太離譜的瑞典候選人，能見度和支持度通常都是趨近於零。

瑞典所有的註冊政黨都有權使用最基礎的活動場地和補助，如果在選舉後得到一％的支持率，在接下來兩次選舉中能進一步獲得更多資助和曝光機會，包括創辦政黨報刊，各式媒體的廣告優惠，到公費印製選票等等。

瑞典給參政者的門檻不是錢，而是這一段支持率從〇％到一％的距離。一％對新興小黨來說是一段漫長艱難的路，但只要政見靠譜，一路堅持，也不是不可能的任務。

在支持率達到一％之前，瑞典的新興小黨沒有自己的選票，但可以選擇自己花錢印刷配送，或是請支持者在投票所提供的空白選票上寫下黨名。瑞典許多新興的小黨，例如綠黨和女性黨，就是靠著支持者在空白的選票上一筆一畫，寫出一%的支持率，打開知名度。

反觀台灣，就算保證金門檻設得再高，光怪陸離的有錢候選人還有少過嗎？只因為他們繳夠了錢，我們就必須允許他們在全國頻道曝光，在全民眼前唱歌耍寶，模糊辯論焦點，拉低台灣民主素質，這樣是否合理呢？

全民參政的風氣

我在瑞典通常只投政黨票，至今只有勾選過一個候選人的名字，他是我先生的高中同學托比，代表綠黨參選本市的市議員。因為先生的關係，我曾到不同場合聽托比發表政見，他說話條理清晰，能夠和在座的人們即興互動，妙語如珠又不失專業，讓我留下很深刻的印象。

有天我和先生參與市內廣場上的一個社民黨集會，社民黨青年團的學生代表也上台發表演說。她看上去大概十六、十七歲，僵直地站在台上，低頭盯著手上的 iPad，用顫抖的聲音唸著講稿。我噗哧一笑，和先生說這個學生代表也太嫩了。我先生笑著說：「至少她說話還算清楚，托比高中參加綠黨青年團，他那時聲量像蚊子一樣，沒人知道他在說什麼。」我聽了簡直不敢相信托比也有這樣的過去。學生代表說完，在場耐心聆聽的大人們都給予熱烈的掌聲，我也對她今後的成長充滿期待。

瑞典高一國文課的課程為非文學類閱讀寫作，注重理解和論說，時常練習閱讀或撰寫校刊、媒體投書和辯論文章。在我先生任教的高中，有個孩子表示他不贊成本市在暑假期間給所有學生免費車票的福利。他認為想搭車的學生可以自己買票，市政府應該把稅收花在別的地方，或是直接減稅。

國文老師鼓勵這位學生寫一篇文章投稿，以學生的身分對通過這個政策的市議員們提出質疑，這篇投書後來在地方報紙上刊出，並且得到市議會認真的回應和解釋。

選舉文化就是政治文化

選舉文化包含了選舉制度規範、媒體和輿論文化、還有教育等各種面向，這一切都左右著選民和從政者之間的互動關係。選舉的變革，能大幅改變選民和從政者之間的關係，促進更深度的溝通，更文明的政治文化。

台灣這幾個月來的激烈選戰即將進入尾聲，而在經過一場喧囂激情的政治盛事之後，我們常常忘了問一個很重要的問題，那就是台灣下一次的選舉，可以有哪些改變？怎麼改變？

第七章

政黨方向和價值

前年瑞典大選前夕，我在朋友家和幾個朋友聚餐，剛好看到電視新聞報導的最新民調顯示，在經過了溫和黨與中間偏右聯盟八年的執政之後，偏左陣營的大黨社民黨終於再度成為受最多數民意支持的政黨。在座的朋友裡，有位死忠社民黨擁護者，他很興奮地說：「這樣才對啊！瑞典這個國家是由社民黨一手建立的，現在回到社民黨手中，瑞典又有希望了！」另一個也支持社民黨的朋友聽了卻說：「我不同意。今天的瑞典，是由國會裡所有曾經的執政黨和在野黨、由左右兩派陣營共同經營出來的，不是哪個單一政黨的成果或是責任。」

回家路上我細細咀嚼那句話，可不是嗎？雖說執政黨是推動立法和政策的主軸，但是判斷一個民主國家的政黨政治是否健全，除了單一政黨的能力和品質以外，政黨和政黨之間、以及人民和政黨之間的互動關係，其實是更加關鍵的因素。這種關係決定了政治的討論是否能夠緊密咬合，帶著社會前進，或是陷入空轉和泥沼。

台灣的政黨政治一直在蛻變演化，從一黨獨大到政黨輪替、小黨林立，現在大眾似乎也和政治更接近了，除了統獨之外，其他社會議題也開始受到矚目，在公共論壇上常有精彩的理性討論。在此同時，空洞的政治口水戰也仍然佔有一席之地，每當社會上出現任何制度問題，主流的反應往往是把上位者和其政黨抓出來批判，「這個政黨的人太糟糕了，要換另一個政黨來做。」但是把人換了，制度的漏洞還是在那裡。

政黨政治必須仰賴政黨間的競爭和制衡，不可避免會互相攻擊、切磋，然而攻擊切磋的性質和高度，在不同的國家卻可以截然不同。我個人認為決定這種高度的因素，和政黨核心價值是否被確立有很大的關聯。

民主不是只有投票而已，由新聞評論刊物《經濟學人》彙整出的民主指數（Democracy Index），包含了五種不同指標：選舉程序、政府運作、政治參與、政治文化和公民自由，解析和比較一百六十多個國家或地區政權的民主程度。和民主指數年年名列前茅的西北歐和紐澳加等國比起來，台灣在政府運作和公民自由方面，已經和傳統西方民主國家程度相當，只有在政治參與和政治文化兩項指標上還稍有差距。

政治參與（公民社會）和政治文化也正是本書的兩大主題，是我在瑞典的生活中切身體驗到，那些在制度改革之後，還需要花一點時間灌溉耕耘才會逐漸成熟的民主面向。

我想就拿瑞典幾個有趣的例子，呈現在民主化程度較高的國家當中，政黨是如何互相攻防、互相修正，如何在不同的核心價值之間掙扎妥協，從而塑造出一個國家的面貌。

稅制是政治討論的焦點

在台灣很多人喜歡說「中華民國萬萬稅」，但是台灣其實是一個稅收非常低的國家，如果比較世界各國租稅負擔率（賦稅收入占GDP比率），台灣的數值為十二～十三％上下，和剛果、孟加拉屬同一層級，大幅低於歐洲稅收較高的國家（北歐和法、德約為三〇～四〇％），也明顯低於其他主要國家（美日韓均在二〇％左右）。

不過，稅收的類別和徵收對象很複雜，台灣雖然稅收很低，但是稅負非常不平均，其中高收入的勞動受薪人口稅負最重，這些老實工作的高薪族群絕對有資格說「中華民國萬萬稅」。

台灣對勞動受薪族群確實課稅，對資本收入如證券交易所得、不動產交易所得，以及企業營業所得的課稅卻是問題重重，不是稅率極低，就是避稅漏洞大開。

同時，因為全民普遍有台灣稅收很高的迷思，每一個階層和族群都直覺認為增稅是苛政，減稅是德政，於是政黨為了討好選民，也不敢提出讓全民有感的加值稅（消費稅）等稅目。

此外，稅務機關和納稅人之間也需要健全的程序，依法檢視納稅人，也必須保護納稅人權益。和瑞典明快的報稅程序和處理稅務糾紛的專業和效率相比，台灣稅務環境缺乏完善的法規程序，讓納稅人和財政機關之間的互信關係受損。

經營公共事務和設施都需要花錢，如果期待美日或歐洲同等的公共品質，勢必要增加整體稅收。台灣的稅制改革重點是檢視整體稅制結構比重，使稅負更平均，擴大稅基，並落實反避稅。

台灣的稅制有如此多不合理的地方，但是在選舉的時候，我們卻很少提及稅制問題，就算有提到，通常也不是針對結構的討論，而是候選人一味保證不會增稅而已。其實在許多國家，稅制都是政治人物想避開的話題，因為稅制議題複雜乏味，廣大選民往往也只關心增稅有沒有影響自己，而對其他稅目比重興趣不大。然而我發現，瑞典人民和政黨談論的話題卻總是繞著稅制打轉。

稅制是決定一個國家資源分配和運用方式的重大議題，除此之外，徵稅的方式還能引導或調節特定行為，例如太多人酗酒就給酒增稅，太少人買電動車就給電動車減稅，太多人炒房就提高不動產持有和交易所得稅等，稅的高低、種類和對象，都會大幅影響社會面貌。

瑞典的所得稅到底有多高呢？有人說五〇％，有人說六〇％，甚至更高。首先，我想大家都知道累進稅率，累進的稅率並不是加諸於總收入，而只是一個區間的收入。左圖是瑞典國民所得稅的累進分布，其中灰色的那一條線，是每一位受薪國民應繳的所得稅。

一個年收入五十萬克朗的人（約為兩百萬台幣的中高所得者），常會大聲嚷嚷說他要繳的所得稅是五十一％，其實從左圖就可以看到，要繳五十一％的部分，其實只有他一年所得中超過四十三萬的部分，而四十三萬克朗以下的收入，平均所得稅大約在二十五～三〇％之間。

而那一條黑線是什麼呢？那是老闆在付員工薪水時，必須幫員工付的「老闆稅」，這筆稅收只屬於勞工，將成為退休金，或育兒假、病假等各種帶薪假期的基金。同時，老闆只要花錢增進員工福祉，就可以獲得稅率減免。

稅制是如此和我們每一個人息息相關，但是又難免有點繁複乏味。這大

圖　瑞典勞動所得稅累進稅率

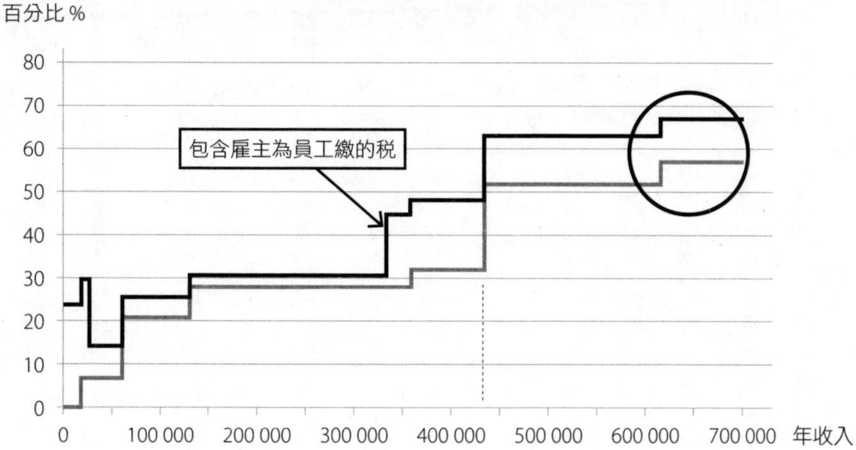

（資料來源：瑞典稅務局 www.skatteverket.se）

概就是為什麼瑞典每一位中學生都要在課堂上認識這張圖，學習耐心地去解讀這張圖對他們個人，和對社會整體的意義。

比方說那條黑色的線，看來不起眼，卻意義重大。它代表瑞典勞工保險其中有一部分是由資方負責。也就是說，員工的健康福祉和老闆的口袋是連在一起的。老闆幫腰痛的員工訂做可以自動升降的桌子，幫眼睛疲累的員工配工作專用的眼鏡，不但可以減少員工帶薪病假的機率，這些支出還可以減稅。瑞典的老闆並不是都佛心來的，勞工的幸福，就是這樣由一條條細膩務實的法規堆疊而成。

國民所得稅，不但是政府收入的大宗，覆蓋性也最大。瑞典左右政黨在允諾人民任何的福利或減稅的時候，都要在這張圖上見真章，接受民眾的檢閱。上頁圖中的圓圈裡面，可以看到一個小小的稅率提升，它的由來十分有趣。一九九〇年代瑞典經濟蕭條，當時的執政黨社民黨和偏左聯盟推行了這項增稅政策，向社會上收入最高的五%富人們徵收「暫時緊急稅」來為國家周轉。後來沒幾年，社民黨敗選，由溫和黨和偏右聯盟開始了八年的執政，在這八年，沒有一個偏右政黨敢提出取消這筆「緊急」的稅收，這筆暫時稅就這樣成了永久稅。連偏右聯盟都不敢取消這筆稅收的原因很簡單，因為這樣做「社會觀感」太差，站在五％那邊和社會大眾做對，在瑞典絕對是得不償失。

瑞典偏右政黨當然也不是省油的燈，他們一直在思考一個能讓瑞典全民都能接受的減稅方案。後來他們推行了「勞動稅負減免」，這個減免只加諸於勞動收入。簡單地說，就是我們每個月工作賺的薪水裡，會有一部分從課稅範圍中剔除，這筆錢，就是完全屬於我們的勞動報酬，沒有人能拿走。這個作法不但肯定勞動價值，也因為不適用於資本利得，避免了用降稅偏袒資方的嫌疑，受到瑞典民眾普遍的歡迎，去年社民黨執政後，也宣布不會取消這項減免。

以數據分析輔助政策討論

每隔一陣子，我就會在郵箱裡收到瑞典數據局寄來的問卷。瑞典數據局有二十多個部門，一千多位職員，負責資料的蒐集、統計、分析和可視化。他們常常隨機抽選民眾，進行各種主題的調查。我最近收到的，是「工作市場和房屋市場的發展變遷」的第二階段問卷，這是一個長期的追蹤調查，而這一次，疫情帶來的影響也反映在問卷題目上。

在問卷信封上，數據局總是用戲劇化的大型字體強調：「這是一個意義重大的社會調查！」我自己很喜歡瑞典數據局整理的五花八門又細膩的數據資料，從利率和房價走向、解析犯罪型態、瑞典父母為新生兒命名的趨勢，到離婚後家庭的居住型態等等，各種資料玲瑯滿目，並且經過細心彙整和可視化，每次我在教學或是寫作有任何數據上的需要，只要上數據局的網站，總是能找到讓人滿意的數據圖表。因為自己是重度使用者，每次我成為隨機

瑞典數據局問卷，在封面上直接用戲劇化的標題寫著「這是一個意義重大的社會調查！」期望收到問卷的民眾都能踴躍參與。

受訪者，也會盡力回答。

這類問卷調查背後的社會意識也是讓我願意花時間參與的動力。在研擬、討論任何社會政策時，必須有能夠反映各階層現實的數據，討論才能確實，擬定出來的政策也較不會與社會脫節。現在台灣常有關於住房政策的討論，然而有很多值得追蹤的細節，例如房屋持有和生育率的關係，都沒有完整資料可循，人們也只好進行很多臆測。

無論是稅制還是福利，討論各種政策得失，都是數據分析活躍的舞臺。以下我想分享兩個瑞典民眾檢視數據的例子。

經過了八年的偏右聯盟執政，去年溫和黨敗選，議會由社民黨和綠黨接手。一位立場偏右的政論記者發表了一篇報導，指出溫和黨這幾年雖然實行減稅，但是溫和黨最後一年執政的國家總稅收，竟比八年前剛剛開始執政時的總稅收多了一點。這位記者認為，這代表了溫和黨的減稅政策達到促進經濟的目標，甚至還提高了總體稅收。這篇文章受到眾多偏右民眾的喜愛和轉載，但是其他讀者也很快就看出端倪。

一個正常運作的經濟體每年或多或少都一定會有成長，在稅率不變的情況下，稅收每年必然也會增加，有人算出了如果依照八年前的稅制，那麼總稅收的增加會比現在多出更多。這時偏右民眾反駁，就是因為溫和黨的領導穩固了瑞典這幾年的經濟成長，因此可以在減稅的情況下維持總稅收。而偏左民眾把瑞典這幾年的經濟成長和其他鄰近國家，包括稅率比瑞典還要高的丹麥做比較，指出瑞典的表現其實並沒有特別突出。另外，這個統計也沒有把瑞典這八年來付稅人口的增加納入考量。這個辯論一來一往，最後雖然還是落入左右辯證中那塊見仁見智的灰色地帶，但是我很羨慕這樣的討論，羨慕這個議題受矚目的程度，也羨慕瑞典每個民眾心中的那把尺。

在數據上捅簍子的當然不只限於右派陣營。這半年來因為敘利亞內戰加劇，接收難民的議題成為政策討論的一大焦點。許多民眾憂心大量難民移入將降低瑞典人民整體的教育素質。針對這個憂慮，偏左政府發布了這半年來獲得難民居留身分的移民們的教育背景，數據指出，這些難民的教育程度組成，和瑞典本國人民的教育程度組成幾乎是一樣的，受過高等教育的難民比大家想像中的還多。這個統計自然受到偏左民眾的大力轉載。然而一位經濟學教授看到了問題：瑞典移民局統計的數據，是採用所有「受過」高等教育的難民人數，無視教育時間長短和完成學位與否。而在瑞典國民教育程度方面，採用的則是「完成」學位的人數。這就好像橘子比蘋果，是無效的。

政黨的核心價值

我曾在瑞典政論雜誌上讀到一則很有意思的評論，作者分析了瑞典幾十年來左右兩大陣營互相攻堅時的措辭和攻擊點，總結出了一套模式：左派陣營常針砭右派陣營「無德」，而右派常指責左派「無能」。這篇文章主要是教瑞典民眾如何把兩邊的批評看得更清楚，但讓我掩卷後久久難以忘懷的是，瑞典政黨的互相撻伐，從另一個角度去看，是不是也代表著兩邊陣營，一邊重視健全和平等，一邊重視效率和發展呢？而台灣各陣營的核心價值又在哪裡？

民主很亂，政黨之間每天都在互相攻擊指責，讓人覺得社會充滿負能量。但是在這些負能量的反面，卻藏著一股穩健的進步力量，這種力量來自於不同價值的磨合和激盪，還有對每一種價值的包容。

目前台灣的政黨除了統獨以外，幾乎都沒有清楚的價值定位，每個黨都說要促進改善人民的生活，但是要怎麼做？和其他黨又有什麼區分呢？這種定位上的模糊，使政黨間的競爭切磋，常淪為漫無目的的扒糞，力求把對方說得一無是處。這難道就是我們想要的民主嗎？

我相信想要提升大眾福祉，最終靠的還是健全的民主。台灣的政黨必須改變，必須發展出清晰的核心價值，讓每位人民能用心中的那把尺去丈量。因為台灣的選民已經不一樣了，我們發現支持政黨並不像是支持球隊或球星，成了球迷之後大聲吆喝、痛快地咒罵敵隊就好。在上一次二〇二〇年總統與立委大選中，我看到台灣人每天辛苦上班回家後還是花時間仔細閱讀社群上的社會議題，許多人熱衷於辯證討論，把自己手上的那張選票看得重如千鈞。對我來說，這一幕才是台灣真正最美的風景。

第八章

被燒掉的十萬瑞典克朗

瑞典有一種小規模的行銷活動，叫做「家庭派對」（Home Party）。在二、三十年前，瑞典家電廠商和全國各地的家庭合作，這些家庭邀請他們的街坊親友來家裡參加派對，在派對上家電推銷員讓大家試用和選購吸塵器或是果汁機。現在大家都在家電專門店買家電了，但還是有很多當地的小廠商，像是服裝設計或釀造啤酒的品牌，用這種方式讓大家試穿、試喝，製造和顧客面對面的機會。有趣的是，有些瑞典政黨，尤其是得票率在進入國會的門檻（四%）上下徘徊的小政黨，也常採用這種方式和民眾接觸，和台灣的「掃街拜票」有點像。

有次大選前，瑞典女性黨在全國進行了一連串的家庭派對。各地的女性黨黨員或是支持者，只要安排十五人以上的派對，黨主席古德隆．希曼（Gudrun Schyman）就會去參加，有時候她一天要跑四、五場。我的婆婆剛好被朋友邀請去其中一場，問我們夫妻要不要一起去，所以我和我先生與公公婆婆去參加了人生第一次「轟趴」③。

我婆婆的朋友租了一個社區的公用空間，容納三十多人，我一眼望去，發現大約三分之一是男性。主人提供了咖啡，大家先聊天敘舊一下，接著希曼來到會場，和大家打過招呼後，她說：「我聽說今天在座有很多退休的朋友，請問各位，在你的家庭，女方每月退休金比男方少的有哪些，請舉手。」幾乎所有退休年齡的男女都舉手了，我的公公婆婆也舉起了手。她接著說：

③ 掃描 QR Code，可參閱「瑞典國家電視台 SVT」報導的古德隆．希曼 Home Party 畫面。

「根據統計，目前瑞典的退休人士中，男性的平均每月退休金比女性多了四十五％，也就是六千多克朗（近三萬台幣）。當然，現在的退休朋友，你們是來自於另一個時代。」聽到這裡，台下的阿伯阿嬸都笑了。

「那時的瑞典，男性勞動率比女性高，男女收入差距也比現在大更多，造成了現在的落差。但是，我們可以預測三十年後的退休金分布。」希曼看了看我們幾個比較年輕的聽眾。「就算夫妻收入相當，女性的退休金，也將會比男性少十～十五％。造成這個現象的主因，是因為退休金很大一部分是以生涯收入，也就是生涯工時計算。女性每一次因為生育和育兒減少的工作時數，都會對退休金造成直接影響。」

接下來，她提出了幾個改善的方案，和大家討論這些方案的長短處和可行性。回答了大家的問題後，她匆匆趕往下一場派對，留下意猶未盡的聽眾們繼續交流自己的經驗和想法。

兩性平權運動其實就是發覺體制中的權力傾斜，並且給予矯正的過程，因此我覺得從推動兩性平權的過程中，可以看到推動各種社會平等和權益的縮影。從這一場「女性政治轟趴」的經驗，和對北歐推動兩性平權的一些觀察中，我得到了許多並不僅限於兩性議題的領悟。

改革不是對立，是對體制的深刻反省和長遠規劃

一般在福利國家，「應急」、「養育」和「存老本」這些需求以社會保險和退休金制度來代替，民眾一般是不太儲蓄的，因此每月退休金多寡幾乎直接反映了老後的生活。當我聽到現在瑞典退休男性平均每個月比女性多拿近三萬台幣的退休金，還聽到以後我的退休金將會是我先生的九折，就不禁對在場男性們燃起了怒火。但是我發現身邊的女性，包括主講人，都沒有把矛頭指向男性。其實，在聽到這些數據的時候，我公公的臉上也難掩吃驚的神

情。在座的男性和女性，一起把矛頭指向制度，試圖找出癥結。

女性黨目前在瑞典成功引起最大聲浪的活動，是一位廣告公司的老闆策劃的。根據統計，如果把瑞典全國的男性總和起來，因為制度的優勢，他們每一分鐘都比女性多獲得十萬瑞典克朗（約四十多萬台幣）。於是他捐了十萬克朗給女性黨，由希曼在一個政治活動上，花一分鐘把那些紙鈔燒光④。這個行動在各大媒體製造了爆炸性的話題。

他說，如果資助女性黨買廣告刊登文宣，就算倒入好幾個十萬克朗，都很難得到民眾的注意，還不如把十萬克朗燒了，現在全瑞典的媒體都在幫女性黨免費宣傳。為女性黨想出這個企劃的廣告公司老闆，他是男的。而現在瑞典女性黨最大的經濟支持者之一，是瑞典知名樂團 ABBA 的團員 Benny Andersson，他也是男的。

一個巴掌拍不響，兩性平權必需要兩性互相理解和合作。相同的，勞工權益要勞資雙方互相協商，而社會平等的理念如果無法滲透到社會菁英和富人階層，永遠只是口號。

我聽過一個故事，一個老師在教室前放了一個桶子，讓在座的學生們輪流把球丟進桶裡，看誰能投進。對於這個明顯有漏洞的規則，坐在越前排，情勢越有利的學生，質疑的聲音就越小。

我們可以想像，讓佃農起而反對地主其實並不難，真正難的，是讓社會上的菁英富人階層願意犧牲自己的利益來支持平等。

每次瑞典大選結束，都可以在網站上看到全國投票的分布，了解每個地理區域，甚至一個社區的居民投給了哪些政黨。一個粗略的方向是，在社經地位一般的中產和藍領區塊，可以看到一片支持平等、偏左的社民黨玫瑰

④ 掃描 QR Code，可參閱《瑞典晚報 Aftonbladet》所記錄的「被燒掉的十萬瑞典克朗」畫面。當時古德隆．希曼爆炸性的行動，成功吸引媒體報導，也讓女性黨獲得免費的宣傳與曝光。

紅；而在那些「高檔」的社區，比方說斯德哥爾摩的高級住宅區，中間偏右的藍色溫和黨分布更廣。這是一個可以預想的，很自然的分配。但是吸引我目光的是，無論是在多「高檔」的街坊，照理應該是最相信獎勵卓越的「成功人士」們住的地方，還是可以看到不少偏左政黨的紅色調，在一片藍色的背景中，像花朵一樣點綴。

我想在瑞典之所以有這麼多支持兩性平權的男性、推動勞工權益的老闆，和鼓吹社會平等的菁英富人，是因為瑞典的改革少了對立的激情，多了冷靜的檢討，以及讓整體社會受惠的永續構想。當女性黨在燒那十萬克朗的時候，他們並不是在向男性抗議或發怒，而是向社會發送信號，邀請男性女性一起來參與討論。最後，許多處於優勢的人們，也能漸漸理解與肯定這些制度改革對整體社會帶來的正面作用，相信從長遠來看，自己和自己的下一代、下下一代都會因此而受益。

我們在人生中或多或少都有坐在前排和後排的經驗。坐在前排的時候，我們是否能察覺到優勢？是否看看身邊同在前排的人都沒說話，就不作聲了？坐在後排的時候，我們的不滿，是來自對前排的眼紅，恨自己沒有坐在前排，還是真正希望打造更永續更公平的規則？

男女比是一比一，貧富比是九十九比一，就理論來說促進社會平等應該比爭取兩性平權容易多了，在民主制度下用多數民意改善不平等的規則，應該像摧枯拉朽一樣容易辦到。然而，在台灣，在世界上很多地方，好像都不是這麼簡單？

我想其中一個原因是，我們的眼光常被侷限在「不滿既得利益者」的格局裡。現在台灣輿論很重視「階級流動」，抗議權貴複製階級。然而大多人對階級流動的詮釋，似乎只包含了由下往上的單方面流動。這個傾向本身，是否和「平等」的真意自相矛盾了？在抗議階級複製的同時，誰來深入質疑「階級」的本質？結果，晉身前排以後就突然看不見規則漏洞的人比比皆是。結果，我們生氣的對象，原來只是坐在前排的人，而不是不公平的規則。

我發現真正落實階級流動的國家，並不是一昧地製造「往上攀升」的管道，而是致力讓社會每一個階層都有尊嚴和選擇的自由。我身邊中產家庭出身的瑞典親友，大多也都走入了中產階層，但是選擇就讀職業學校，或是念完大學以後選擇開火車、務農的人也不在少數，這對我來說簡直是天方夜譚。但是他們高學歷高收入的父母都放心支持，因為他們知道無論做什麼，他們的孩子都會有尊嚴，有不錯的生活，以後他們的孫子想要當律師或是當修車技工，也都不會遇到任何外在的阻礙。這種社會的「平流」，也許才是真正永續的「階級流動」。

在不滿權貴的同時，卻隱隱希望自己也能晉身權貴。在憎惡坐擁房地產的人把房屋當商品炒作的同時，卻隱隱希望自己也可以賺一筆，這是在許多人內心上演的戲碼，也是人之常情。而打造更公平的社會，往往必須要抑制這些直覺和人之常情，把眼光放遠，才能描繪出真正永續的藍圖。

理想和現實的差距

看到現在北歐在兩性平權的成績，很難想像在一百年以前，北歐各國的女性都沒有投票權。他們這一百年在兩性平權的成長，可能讓人有女性運動急先鋒的感覺，但如果仔細回朔，會發現他們其實步步慎重，只是不曾停滯。

現在瑞典有十八個月的育嬰假，育嬰假期間領八成薪水。而育嬰假必須由父母分著用，爸爸至少要使用一個月。目前男性使用育嬰假的平均值是二十五%，也就四個月半。從二〇一六年開始，政府規定爸爸至少要使用三個月的育嬰假，當時政府預估此改變將會讓男性使用育嬰假的比重提升到三〇%，並在二〇二〇年達到了目標。

就算是在如此提倡男女平權的瑞典，他們現階段目標也不是理想的五〇%，而是三〇%。在二〇一六年，瑞典爸爸平均使用四個月半的育嬰假，在這樣的情況下，強制爸爸育嬰三個月的政策，看起來似乎沒什麼作用？經過希曼的解釋，我才知道原來這一個政策的目的，是去改變一種「典型選擇模式」。這種模式出現在女性處經濟弱勢的家庭，通常是爸爸收入比媽媽還要高很多，導致爸爸如果選擇育嬰，將會造成較大的經濟損失。這樣的家庭由媽媽育嬰，是再自然不過的選擇。這種選擇雖然避免了短期的經濟損失，但無論是對職涯發展或是往後退休金上的負面衝擊，都將由女性承擔，最終更加深了女性的經濟依賴程度。這次的新政策，對夫妻收入相差不大的家庭沒有太大影響，但卻能影響到這個目標族群。

在社會政策上，右派思維偏向強調人人都應有選擇的自由，不應該干涉。而左派思維則認為在看似自由的社會中，我們的選擇其實常常被現實束縛。如果一個選擇是出於身不由己，並且造成不平等的結果，則適度的干涉，才能達到真正的自由。當然，到底什麼是自由？這又是一個見仁見智的問題。

瑞典（尤其是左傾政黨）在討論社會政策的時候，常使用「選擇模式」

這個關鍵字來分析不平等的前因後果，試圖干涉這種模式。比方說，很多瑞典媽媽都選擇使用大部分的育嬰假，這個選擇模式是導致女性退休金較低這個不平等結果的一大主因。

干涉選擇模式可從兩個角度來看，第一是去影響選擇前的誘因，第二是調整選擇後的結果。在分析誘因的時候，可以看到媽媽們決定多使用育嬰假的原因林林總總，但是上文提到女性處於經濟弱勢的案例，是這個選擇模式最大宗的「典型誘因」，這種左右人們選擇的「典型誘因」往往能反映出社會問題的癥結。要改變誘因，有強制和獎勵兩種方式。目前瑞典已經有獎勵父母平均分攤育嬰的政策，但看來對影響這個典型誘因沒有成效，所以這次使用了強制的方式。

而在調整後果方面，瑞典政府也可以改變退休金計算的方式，讓女性拿到更高的退休金，但是這個方案不但將增加社會支出，而且也變向地鼓勵了這種選擇模式，違背推動兩性平權的初衷，因此這個方案沒有被考慮。

我用這麼大篇幅來分析這個政策，其實只是想要表達，這個看似很小的改革在正式推行之前，是經過了這些考量和檢討，力求在有限的社會資源下，把支點放在能產生最大槓桿力的地方。從二十五％到三〇％，這個小小腳步背後的深思熟慮，和其投射的遠景，都不是表象可以言喻的。

「二十五歲時如果不是左派，表示你沒有愛心。三十五歲時如果不是右派，表示你沒有腦。」這句名言有各種版本，出處也不詳（很多人相信是邱吉爾），但是可以大致總括許多人對偏左意識的印象，是浪漫、激進、無謀。

但是到了三十五歲，我發現兩件事，首先，你必須是來自優勢階層，才可能有這樣的選擇。歷史上參與社會改革的人們，很多人根本沒有選擇，只能 Live for nothing, or die for something. 要麼安於現狀，要麼拚死追求一些改變。第二，我至今在北歐社會感受到的偏左意識，和浪漫無謀正好相反，更偏向老成慎重，甚至有點摳門的務實。

女性運動、社會運動，因為和保守的衝撞，常常讓人有浪漫無謀的刻板印象，但是瑞典和其他福利國家都一再印證，改革政策其實骨子裡比很多保守政策都還要慎重務實。如果沒有這些反覆枯燥的檢討和分析，立意再好的政策都難免會與現實脫節。在瑞典我看到決策者和媒體致力於把這些難咀嚼的細節梳理明白，向社會發出信號，也看到願意耐著性子坐下來聽這些分析的民眾，這兩點都是我們可以思考和借鏡的。

第九章

灌溉民主的媒體敘事

剛來瑞典的時候，有天瑞典語老師和我們去參觀圖書館，老師帶著我們來到新聞報章專區。「在這裡可以找到瑞典的主流報章，這家報紙和社民黨有很深的淵源，立場中間偏左。然後這一家是採經濟自由派立場，立場偏右……。」老師自顧自地和大家解釋，我則是聽得一頭霧水。

在習慣了台灣主流媒體文化以後，瑞典的媒體文化給我帶來許多衝擊。在台灣，雖然人們也大多知道哪些媒體是藍媒，哪些是綠媒，但是一般報章還是以「中立、公允」自居。然而事實也證明，媒體在選擇、敘述和詮釋新聞的時候，都多少會受到其立場和經濟來源的影響。也許像瑞典這樣大家心知肚明，人們反而更能有意識地去檢視新聞和評論的內容。

除了立場以外，兩地媒體使用的語言敘事，也有很大的不同。台灣的敘事，就像濃郁但營養價值不高的雞湯，空有感染力但常失焦或訴諸情緒。而在討論社會議題時，台灣的敘事光譜則顯得較窄，往右有根植華人社會的保守和國族思想，而往左的詞彙，如勞動和資產階級、分配正義、集體協商和團結權等用詞，則常被視為少數學術、社運人士的語言，甚至是共產主義的同義詞。許多這類詞彙在台灣也被去脈絡或誤用，比方說在台灣常常稱收入、存款較少的族群為「小資」(Petite bourgeoisie，又稱為小布爾喬亞)。「小資」法文的原意其實是指小規模資產階級，而中國用「小資」來諷刺那些沉浸於布爾喬亞情調的城市中產男女。台灣這種公共討論光譜缺損的現象，源自台灣獨特的歷史軌跡，在語言習慣中凝結，如果不是經過北歐偏左意識的洗禮，我大概永遠不會察覺。

如果說台灣新聞報導的修辭嘗起來像加油添醋的雞湯，瑞典的報導修辭簡直是味如嚼蠟。瑞典主流媒體的報導講求百分之百陳述已知事實，不容許臆測，也絕不會提到案件涉嫌人的種族、家庭背景等與案件不直接相關的情報，討論社會事件和各層議題時就事論事，避免輿論能量在情緒中空轉，也試圖消弭社會對特定階層和族群的固有觀感。當然，這只是對於一般媒體的規約。在網路上，瑞典也存在著無數網路論壇，專門滿足人們想要看戲嚼舌根的慾望。

前陣子瑞典一個小鎮上發生了一家四口自殺的罕見悲劇，後來經調查證實，這是一個瑞典白領家庭，在發現孩子雙雙罹患罕見絕症之後，失去了對人生的盼望，於是一家人走上絕路。

在事件一開始，瑞典主流報紙的報導僅有短短一句：「在某鎮，某個時間點，四具屍體在一個房子裡被發現。」就這樣。這個報導簡直太搔不到癢處了。這四個人的關係是什麼？這個房子是在什麼樣的區域？他們的死因是什麼？他們的鄰居和親友怎麼說？我就像很多人一樣，馬上打開了網路論壇。那時論壇裡已經塞滿了關於此案的流言蜚語：可能是（移民）搶匪犯案？或是（移民）家庭內的榮譽殺人⑤？或是（移民）幫派的仇殺？

然後有人找到了房子的地址和空拍照片，得到消息說死者是瑞典白領家庭，於是論壇風向一轉，大家開始揣測爸爸有精神疾病甚至戀童傾向，殺害全家以遮掩家醜等等，各式說法層出不窮。隨著真相一步步被警方和主流媒體揭露，論壇內的鍵盤法官們也漸漸失去了興致，累積了九百多頁的討論串趨於沉寂。

過了幾天我才得知我的一位朋友正好和死者家庭關係親近，並出席了死

⑤ 榮譽殺人（honor killing）是指部族或家族內的男性成員，因女性成員不貞或其他敗壞家族名譽的行為而殺害女性。

者的葬禮。葬禮當天，這則新聞在瑞典還甚囂塵上，我原本預期會有媒體到場關注，但朋友說當天整場葬禮莊重溫馨，從頭到尾沒有一個記者出現打擾。

在一派無色無味的媒體修辭當中，只要訪問到一位死者的親友，不知可以提高多少銷量和點擊率？瑞典媒體的自我克制讓我和友人都感到不可思議，而瑞典政府在經濟上支持主流媒體，盡量減少媒體經濟壓力，也是媒體不需要搶人血饅頭，從渲染不幸中獲利的主因之一。現在，這個事件已被世間淡忘，只刻印在死者周遭親友們的心中。

網路媒體和假新聞的挑戰

假新聞自古有之，隨著媒體科技發展，極權領導者掌握人性心理，把假新聞這門藝術推向純熟，從德國納粹、俄共中共到兩蔣都善於此道，新聞從來就不是報導，而是宣傳。在民主體制和言論自由的保護下，媒體越來越能擔任社會第四權的重責。

而現在網路資源成本低廉，人人皆能在網上創造一席之地，也造成新聞真假難辨，假新聞散布的頻率和普及率更是史無前例。近年來在俄國、東歐、巴爾幹半島等地突然出現了許多專門製造假新聞的個體或公司。他們之中當然也有反西方民主的政治取向，但也有很多人沒有特定意識形態，也完全不在乎政治走勢，只單純追求高點擊率帶來的營收。可以想像，爭議越大、承載了越多情緒和仇恨的議題，點擊次數往往就越高。在他們追求收益的同時，人們吸收大量偏誤資訊，對現行體制的信心也就越低落。

在反移民情緒越來越高漲的歐洲，對移民相對開放的瑞典正是此類新聞的常客，成了最好的警世寓言和國際笑柄。我不知道有多少次突然收到海外朋友的訊息，表達對瑞典的憂心。其中一次是一個荷蘭朋友，他傳給我一個連結說：「瑞典到底怎麼了？Seriously, what's going on in Sweden?!」我點開那篇荷蘭文的連結，用google翻譯了一下，「瑞典歷史文化遺產將被穆斯林掌管！」聳動的標題觸目驚心。這是一篇關於「瑞典國家文化遺產局」新局長就職的報導，而這位新局長，竟然是一位來自巴基斯坦的穆斯林移民！

在好奇心驅使下，我在瑞典各大媒體搜尋這則新聞，發現這個新聞在瑞典篇幅非常小，荷蘭文中所謂的「瑞典國家文化遺產局」，其實只是瑞典文化局當中的一個行政部門，這個部門的新負責人在七歲時從巴基斯坦來到瑞典，和許多瑞典公職人員一樣，他在大學就讀社會事務學系（Social Service），畢業後在很多不同的政府機關做過事，一路累積到這個文化局的管理職。他也是一名作者，在二〇一二年騎著摩托車環遊全瑞典，寫了一本探索瑞典文化和國民性的遊記。在新聞片段中，他操著斯德哥爾摩口音的瑞典語侃侃而談，應對沉穩幽默，他坦承自己不是瑞典文化遺產的專家，但這個職位是瑞典官僚系統中的行政職，從來就不是由歷史文化專家擔任。

如果不是因為朋友告知，我根本不會知道這個消息，竟然在大多瑞典人完全不知情的情況下，被放置全球各種語言的新聞網站上，敘述評論顛倒是非、加油添醋，一則比一則更讓人為瑞典感到憂慮，各國讀者紛紛在報導下留言：「RIP Sweden」，連結旁的按讚和分享數也多得令人吃驚。

這是一個很典型的假新聞，常常以一個真實新聞為出發點，利用聳動口吻誇大改寫；也經常引用海外事件，讓讀者難以了解查證，我的朋友是歐洲名校碩士，也難免落入陷阱。我和朋友解釋了整件事的背景原委，他聽了之後也表示理解。但是面對不斷浮出的假新聞，一邊是擁有上百個網站，動動手指就可以散布無數聳動標題的內容農場經營者；一邊是需要專業、經驗和大量時間去搜證分析的媒體記者，和需要多年教育培養識讀批判能力的讀者，這場拔河，我感覺勝算渺茫。

移民收容和整合政策的調整，就和其他的政策一樣，是在衡量政治意願和資源後做出的決定，這不是瑞典第一次，也不會是最後一次在社會、人權或環境政策上做出違背理想的妥協。偏偏移民問題也特別敏感，只要稍加操弄，就可以激起過多的仇恨和恐慌，這些情緒成為某些個人或組織的香火，燒得越旺，越成全他們的利益。

現在瑞典的極右反移民政黨——瑞典民主黨已經正式成為瑞典第三大政黨。瑞民黨的領導人吉米・奧克森（Jimmie Åkesson）擁有超人的政治手腕和魅力，他在短短幾年洗去了瑞民黨過去和納粹的歷史淵源和激進形象，並乘著難民危機的浪頭，用相對理性的詞彙質疑移民政策，吸引廣大溫和選民。同時，瑞民黨狂熱的基層幹部和支持者，也在網上瘋狂轉發假新聞，企圖激起民眾最原始的排外直覺。

他們自稱為「瑞典之友」，最愛散布瑞典國家認同和傳統被「多元文化」壓迫傷害的故事情節。其中一個有名的例子，是關於瑞典高中生在手機、書包上使用瑞典國旗裝飾，卻被學校老師禁止的報導，雖然這個報導很快就被證實純屬虛構，但還是成功激起了許多人的憤怒。這則新聞下有人留言：「我不管這是不是真的，總之就是很糟糕！」這句話一時聲名大噪，成為當今網路媒體時代的寫照。

面對假新聞危機，從二〇一八年開始，每次瑞典舉行大選時，主流大報會讓所有第一次投票的年輕人和移民免費訂閱直到大選結束。各公民組織也投注心力舉辦講座，這場拔河，各方都卯足了全力。

假新聞和認知戰這個和大眾傳媒共存的病毒，無論過去現在，在專制或是民主社會，一直用不同的方式存活著。比起活在和諧美好的官媒假象中，在噪音不斷，良莠不齊的自由媒體場域，仍然能找到更多真相。

台灣現在面對的假新聞和認知戰，和瑞典比起來有過之而無不及。媒體就好像車輛，是便利強大的工具，但是也需要練習駕馭它們的方法，否則會釀成公共危險。瑞典老師在學校努力，用有依據的知識和資訊去辯證學生們在網上看到的種種偏激陰謀論，並且和學生一再演練資訊來源的檢視原則，這些都是義務教育階段不能忽視的現代基本公民配備。

第十章

一隻和資本主義抗衡的熊

「邦瑟熊，邦瑟熊，世界上最強壯的邦瑟熊，但是他不喜歡打架～」這是在瑞典男女老幼都朗朗上口的一首卡通主題曲。Bamse 邦瑟熊⑥的漫畫月刊從一九七〇年代開始發行至今，人氣歷久不衰。

邦瑟熊是全世界最溫柔的熊，而當他喝下奶奶特製的「雷電蜂蜜」，就會變成全世界最強壯的熊。他從來不直接使用暴力，而是運用他的力量解決眼前的難題。邦瑟熊的特殊能力帶有條件和時效限制，因此總是需要伙伴們團結幫助，才能度過各種危機。其中一個主要夥伴叫做 Skalman 史考龜，他聰明絕頂，缺點是有點理智過了頭。另一個主要角色叫 Lille skutt 跳跳兔，是一隻友善而平凡不過的兔子，就像你我一般，面對問題時會害怕、焦急、軟弱，是一個可以讓觀眾、孩子們投射自身情感的角色。

有一次山上有個妖怪，他因為不識字，所以開始對文字產生懼怕，最後決定把所有文字都吃掉。邦瑟熊一夥人趕緊去阻止他，但是在邦瑟熊還沒來得及喝雷電蜂蜜之前，妖怪就一口把邦瑟熊吞了。見到邦瑟熊被吃掉，跳跳兔又傷心又害怕，差點沒昏倒，而史考龜只是眉頭一皺，緩緩地說：「邦瑟熊不見了，這對我來說非常困擾。我得想想要怎麼樣讓他回來。」在說話的當下，機智的他就想到一個妙計，讓妖怪對文字產生興趣，並誘導妖怪把邦瑟熊吐出來。

⑥ 邦瑟熊在瑞典孩子心中的地位，大概就跟台灣孩子眼中的大明星「巧虎」一樣。掃描 QR Code，可至 Bamse 邦瑟熊官方網站，認識這位瑞典孩子心目中的偶像。

邦瑟熊的故事以傳統正邪對抗為主軸，但是具有濃厚的偏左意識形態。劇中反派角色幾乎都有可愛或令人同情的一面，但是資本家 Krösus Sork 克魯薩鼠是一個例外，他成天想著要開發森林、驅逐森林居民，或對旗下工廠中的勞工們非常苛刻，在邦瑟熊的世界裡是絕對的惡人。

五十年來，邦瑟熊漫畫被改編成卡通、電影、舞台劇。在原創者過世後，後繼者仍然沿襲邦瑟熊的世界觀和精神，持續創作發行。以下是幾個我觀察到的有趣之處。

描繪一個包容、民主的社會

邦瑟熊有四個孩子，其中最小的妹妹，根據史考龜的說法是：「有點不一樣。」在同年齡的角色已經能流利說話時，她只能說單一字彙。當大家在踢球或玩遊戲時，她常常搞不清楚狀況，或是身處自己的世界裡。關於這些「不一樣」，故事當中只是平鋪直敘，沒有特別強調，劇中角色對她的接納和耐心也被視為理所當然。

在我從小看的兒童節目裡，孩子們總是又漂亮又伶俐，帶動唱的姊姊要體型苗條，穿著甜美服裝。而在瑞典兒童節目裡，大人小孩都很普通，也常有特殊兒很自然地一起參與。在瑞典的幼稚園裡，特殊幼兒和一般幼兒共同生活遊戲，從小習慣團體中存在各種不同的人。

在瑞典，邦瑟熊漫畫和卡通也是很多幼稚園、小學老師用來和學生討論民主議題的題材來源之一。隨著網路科技發展，現代社會面臨著不實消息的艱鉅挑戰。因此，從二〇一七年開始，邦瑟熊月刊每年都有一個月是以檢視資訊、帶入當代議題為主軸，從小開始培養孩子檢視資訊的能力。

明顯的意識形態傾向

邦瑟熊故事的世界觀可以說是構築在「團結 Solidarity」兩字。邦瑟熊並不是超級英雄，在故事中常常陷入危機，總是需要伙伴的幫助。此外，作者 Rune Andréasson 也不厭其煩地在故事中反覆強調「弱小的勢力團結起來就能戰勝強權」的偏左修辭。

這個如此政治正確又偏左的漫畫，竟成為瑞典史上獲得最大商業成功的漫畫作品，這也反映了瑞典特殊的政治文化和社會風氣。作者 Rune Andréasson 這輩子也經常和錢過不去，總把月刊價錢壓得很低，而且拒絕把邦瑟熊的形象商品化，唯一允許的周邊商品，是一個有邦瑟熊頭像的牙膏，因為牙膏廠商說服他這樣做會讓孩子們更願意刷牙。

在七〇、八〇年代，中共封閉對外信息的期間，他和歐洲不少偏左人士一樣，誤以為中共是社會主義的新希望，在作品中對中共有很多正面描寫，直到一九八九年天安門事件爆發才戛然而止。我先生至今還記得，當還是孩子的他在電視新聞上聽到天安門的消息時，他的第一個想法是：「嗯？怎麼和邦瑟熊說的不太一樣？」進入九〇年代，作者退休，把邦瑟熊月刊交給編輯群，邦瑟熊故事裡的政治影射漸漸淡化了，但是偏左的基調仍然明顯。

我是在來到瑞典之後，才知道傳統正邪對抗、大快人心的情節，竟也可以被套用在截然不同的意識形態和世界觀裡。而邦瑟熊的信息，當然也不是被所有瑞典人認同的。在瑞典相對偏右的經濟自由派政黨，常將邦瑟熊視為左派政治宣傳（left-wing propaganda）。

一九九四年，當時來自偏右執政黨的瑞典總理卡爾．畢爾德（Carl Bildt）訪美，他想帶一件「典型的瑞典禮物」送給美國總統柯林頓。他四歲的女兒說，那當然是邦瑟熊！後來他送了柯林頓一條邦瑟熊領帶。在瑞典，相對偏右的經濟自由派和美國民主黨的政治光譜很相似，而畢爾德總理竟然給柯林頓一個這麼「左」的禮物，此舉在瑞典偏右派陣營間引起了許多批判。

有次家族聚會，我先生的一個偏右傾向的表哥說，他有次和兒子看邦瑟熊，故事是關於克魯薩鼠開著挖土機要開發一片森林，驅逐森林中的小動物，最後邦瑟熊使用神力把挖土機砸壞，故事圓滿收場。他搖搖頭說：「從那天之後我就不讓我兒子看邦瑟熊了。故事裡清楚指出這片森林和挖土機是屬於克魯薩鼠的財產，私人產權和契約精神是資本主義社會的基石，邦瑟熊的行為等於是鼓勵孩子們犯法。」在座其他親戚聽了回應：「可是在瑞典，擁有產權的人也不能像克魯薩鼠那樣任意開挖森林，把小動物都趕走，必須經過一連串的法律評估裁定權限。」一陣爭論後，大家一致同意，邦瑟熊的世界描述的並不是現代瑞典，而是另一個地方。而這個高層人口可以隨意驅逐低端人口的世界，竟讓我想起邦瑟熊作者多年前曾經嚮往的那個東方國度。而現在在那裡，邦瑟熊和他的夥伴們在哪呢？

邦瑟熊作者在過世前幾年，終於不再堅持，允許親屬將邦瑟熊人物形象商品化，並同意在他的監製下成立一個小型邦瑟熊主題樂園 Bamse World。我的兒子是邦瑟熊的超級粉絲，所以在他三歲時我們帶著他去那玩。在經過跳跳兔的房子時（其實是只有外觀的遊樂園布景），兒子上前敲了敲門，緊張地等了半晌，沒有回應。我半開玩笑地說：「跳跳兔可能在睡午覺，我們不要吵他。」兒子聽了有點失望的點點頭，牽起我的手，輕手輕腳地離開。在那時我才猛然想起來，在我幼小的時候，那些卡通裡憑空構築出來的角色和世界觀，也曾經是那麼真實的存在。

第十一章

在瑞典和中國之間，看見民主的文化和習慣

二〇一九年初，在瑞典駐中國大使館的網頁上，悄悄的換了一位新的大使。前大使林戴安（Anna Lindstedt），在二月中突然被瑞典外交部和國家安全警察召回瑞典進行審查。這一切，都要從二〇一五年震動國際的銅鑼灣書店事件說起。

二〇一五年年底，香港銅鑼灣書店五位股東及員工先後被中共警方羈押，其中包括了持有瑞典國籍的股東桂民海。

銅鑼灣書店出版和販賣不少有關中共高層內幕、緋聞的書籍，這些書在中國境內被列為禁書。一九九七年回歸以來，香港人民在一國兩制的許諾下，依據《香港基本法》，擁有言論、出版和人身自由，因此中共當局對香港境內的書寫和出版採取較寬容的態度。然而回歸不到二十年，就發生了這起書店股東及員工失蹤事件。此事件被視作中港一國兩制瓦解的徵兆，引起了海內外不少關注。在被拘捕的五人當中，李波持有英國護照，桂民海是瑞典籍，因此也分別在英國和瑞典觸發了外交角力。

桂民海在消失了三個月後，突然在中國各電視頻道上公開認罪，述說自己十多年前曾在寧波酒駕肇事，撞死了一名學生。當時他面對緩刑兩年的刑責，卻選擇了潛逃出國，自此以來一直良心不安，所以他決定自己投案，並不是被拘捕。

這段認罪聲明為整件事蒙上一層疑雲，也顯得桂民海是罪有應得。然而就算酒駕事件屬實，桂民海在二〇一七年服滿兩年刑期之後就應獲釋，但他持續以情報罪和非法經營等其他罪名，在完全不透明，沒有律師，沒有審判，也不許家屬探視的情況下，被監禁至今。

一場連瑞典外交部都不知情的密會

在桂民海受拘禁之後，瑞典外相表明對此事「不能接受」，也多次嘗試和中共當局交涉，但終究不見成效。二〇一九年一月三十一日，瑞典記者協會、作家協會和多位政治人物在斯德哥爾摩集結抗議，督促瑞典外交部積極處理。

這時候多數人，包括瑞典外交部，都不知道在一週前，當時還是瑞典駐中國前大使的林戴安、桂民海的女兒 Angela Gui 和一位中國富商 Kevin Liu，在斯德哥爾摩一家飯店的貴賓室當中進行密會，這位中國富商聲稱自己在共產黨內高層有很多關係，可以「拯救」桂民海，但要求桂民海的女兒在事成之前，必須完全噤聲，不可針對此事公開發言。

在為期兩天的密會中，林戴安邀請了不少中瑞雙方商界和學界的重要人物來到這個五星級飯店的貴賓室，很多與會者，包括撰寫《漢字的故事》的知名瑞典漢學家林西莉（Cecilia Lindqvist），事前都不知道這次集會的主旨，對 Angela Gui 也在場感到十分詫異。林西莉待了一陣子，在看到飯店侍者推進大量香檳和各式高酒精含量的飲料時，起身離開了現場。

那兩天貴賓室裡人來人往，Angela Gui 沒有房門鑰匙卡，每次外出都有專人陪同。她從一開始就以為這是瑞典大使館策劃的協議，因此也盡力配合，然而在和富商的互動過程中，Angela Gui 發現他言詞閃爍，並且明顯不清楚爸爸的案件細節。當 Angela Gui 想了解讓桂民海獲釋的具體作法，富商只回答：「我以前也被政府關起來過，我要是妳爸，我早就出來了。」Angela Gui 想進一步質疑時，富商提高音量說：「如果妳不信任我，妳可能永遠見不到妳爸爸了。」

林戴安在會議中對富商的安排表示全力支持，她和 Angela Gui 說：「現在中瑞雙方外交部的協商完全沒有進展，仰賴他是最可行的一條路，何不姑且一試？Damned if you do, damned if you don't.」（意思是，反正妳進退維谷。）

在斯德哥爾摩密會發生後幾個星期，Angela Gui 打電話和瑞典外交部確認，才發現瑞典外交部沒有人知道這次協商。東窗事發後，瑞典外交部將林戴安招回瑞典，瑞典國安警察朝「私自和外國進行交涉罪」的方向進行偵辦，一年後經過審訊獲判無罪。

法治和人治價值的衝突

瑞典籍NGO工作者彼得．達林（Peter Dahlin）是另一個和桂民海類似的例子。達林和同事共同創辦的NGO組織「人權衛士緊急救援協會」，在中國為基層律師和記者提供與人權相關的研習和協助；二〇一六年初他突然從自宅被公安羈押，一共被審訊了二十多天。在沒有任何標誌告示的黑牢中，他聽到他的中國同事在其他房間遭公安毆打，最後他照著公安提供的腳本在電視上公開認罪，然後被蒙上眼罩載往機場，遣返瑞典。

當外界就類似事件對中共當局提出質疑時，把焦點轉移到當事者的「人格情操」，是中共官方一貫的操作方式。以桂民海為例，除了酒駕肇事之外，中共媒體也多次指出桂民海將禁書偷運至中國販賣，從中賺取了大筆利潤。而面對關於達林的質疑，中共媒體不斷強調，達林的NGO從西方國家的政府和非政府組織獲得大量的資金，從事破壞中國國家安全、傷害中國人民情感的活動，而他則藉此致富，中共官媒《環球時報》的評論將達林形容成「為人十分市儈」。

這一年來，中國駐瑞典大使桂從友多次在瑞典媒體上攻擊桂民海和其他異議人士的人格，極欲證明這些瑞典輿論擁護的人們，「其實不是什麼聖人」。然而瑞典社會在乎的，從來就不是他們是不是聖人，或是賺了多少錢，而是中共當局運用公權力是否適當？是否在足夠證據下進行透明的審判？《基本法》保障的言論自由是否受到威脅？中瑞雙方說詞一來一往，有如雞同鴨講，鮮明地反映出法治社會和人治社會之間的差異。

「中國和瑞典一樣，是一個法治社會，希望瑞典尊重中國的法律。」這句中國大使不斷重複的話，也是許多中國人對「法治社會」（Rule of Law）一詞很典型的誤解，以為「嚴刑峻法」就等於「法治社會」。但法治社會的先決條件並不是嚴刑峻法，而是制衡的力量。在一個講究制衡的真正法治社會，行政、立法、司法各自獨立，互相牽制，運用法制限制和賦予權利。如果不存在制衡，就算法律再嚴苛，權貴僭越法律，或是人民基本權利受剝奪的事例也會層出不窮。

法治和人治的語言隔閡

我先生在瑞典的高中工作。這所高中的校長，過去曾經在中國一間國際學校擔任過幾年校長。他常和我們聊起在中國工作的經歷，其中一件事讓我印象很深刻。

他說，當時他人一到任，就被前任校長告知學校裡有幾個學生的背景很硬，對待他們要格外「謹慎」。他聽到的時候並沒有完全當真，心想，要是校方或是其他學生、家長感到不滿，隨時可以向當局或是媒體揭發，後台再硬的人也不可能隨心所欲吧？

然而接下來的幾年期間，他認識到，要和特權作對，實在太難、太不值得了。於是老師、家長，還有他自己，都選擇了睜一隻眼閉一隻眼，其中想辦法去討好、攀關係的人也不在少數。

這位瑞典校長意識到，自己在民主社會成長，對人治社會中的不公和腐敗總帶著幾分不解甚至輕慢，卻不曾察覺自己視為理所當然的道德勇氣和公民勇氣（civil courage），其實是受到多少完善制度的呵護。

台灣人談到民主，常常是著重在「自由」兩字。然而民主最關鍵的力量，其實是依循法治原則的制衡監督機制，盡量讓權力分散不集中。這個制度的建立，是源於對人性的不信任。制衡和審查的流程犧牲了明快的決策效率，也無法百分之百避免弊端。雖然它不盡完美，但是看看世界上專制領導人對「權力分立」這四個字的驚恐程度，就知道它還是有效用的。

中國共產黨領導者，從鄧小平到習近平，都聲明「堅決不搞西方三權分立」。二〇一九年中共黨刊發表習近平的文章《加強黨對全面依法治國的領導》，在文章中描述，「為什麼我國能保持長期穩定，沒有亂？根本的一條就是我們始終堅持共產黨領導」。而推進依法治國，「要從中國國情和實際出發，走適合自己的法治道路，決不能照搬別國模式和做法，決不能走西方『憲政』、『三權鼎立』、『司法獨立』的路子。」

然而，其實早在一九五〇年代，時值史達林過世，俄共就開始有針對共產黨內權力過度集中的檢討，毛澤東領導的中共第八次全國代表大會也提出一連串推進「黨內民主」的措施，包括設置常任黨代表大會行使決策權；建立書記處行使執行權；並設立各級監察委員會行使監督權。然而不久後文革爆發，實質上仍由毛澤東獨攬大權。

毛澤東死後，中共放棄共產經濟，開放自由市場。隨著貪腐問題日趨嚴重，推進司法獨立、權責分立的討論再次浮上檯面。二〇〇四年湖北《新週報》刊文建議在黨內實行「三權分立」：將決策、執行、監督三權分給不同的部門行使。後來這篇文章被中宣部問罪，省政府立刻關閉《新週報》，「三權分立」成了媒體不敢碰觸的敏感詞。

而二〇〇六年初，中央加大反腐敗力度。官媒《人民日報》第一次提出：「……要建立健全決策權、執行權、監督權既相互制約又相互協調的權力結構，完善監督機制。……」

這表示，中共黨內也意識到反腐需要三權的協調、制約，但是學習西方搞權力分立是萬萬不可的。至於為什麼不可，一個很常見的中共官方說法，是指出資本主義國家的國會受資本家操控，國會代表的不是真正的民意，而是商人和黑金。

這個弊端是確實存在，民主國家也各有其對策，比方說在瑞典、德國等國，公民參政不需要任何保證金，致力減少一般民眾的參政阻力。

習近平說，自他上台以來，制定和修訂了一百四十多部中央黨內法規，「有規可依的問題基本得到解決，下一步的重點是執規必嚴」。然而權力沒有分立，警察和小偷是同一個人，要怎麼執規必嚴？這一點在長達五千字的〈加強黨對全面依法治國的領導〉一文中，也沒有任何說明。

極權國家領導者通常也十分強調「法治」，但是他們口中的法治，和一般民主社會認識的法治原則，存在著非常大的歧義。不管他們說得再天花亂墜，只要缺乏權力的制衡，實質上仍是人治。

我相信，體制深深影響生活，當然也會影響想法和表達。我在瑞典生活工作多年，結交了不少中國朋友，他們在專業領域上讓我十分欽佩，私交上更讓我倍感人情溫暖。然而在共有語言、飲食文化背景的同時，我也體會到幾十年來分道揚鑣的體制，如何影響了我們的想法和生活姿態。

瑞典和中國站在法治發展的兩個極端，瑞典是法治社會的代表之一，中國則是典型的人治社會。在這個章節裡，我將繼續描述自己身處兩種截然不同的政治文化之間，從中體會到人們對生活的態度和習慣上受到的影響。

自掃門前雪的自保意識

當社會上的遊戲規則都是由居優勢者制定，居弱勢者無力改變，人們自然會盡力在這個規則下求生存，但求相安無事，最好還能分一杯羹。於是，在不滿權貴特權的同時，當人們遇到時機，當然也必須好好利用。

記得一次和一位剛在瑞典生完孩子的中國朋友聊天，她說生育過程還算順利，但是在產房裡沒見到幾次醫生，覺得心裡特別慌，如果是在中國，她可以給醫生紅包，讓醫生多來看看她，心裡也會安穩很多。

當然，給醫生包紅包在台灣也是時有耳聞，只是現在已經不再普遍。記得當初來瑞典求學，台灣家人也特別準備了高額禮物要我送給指導教授，說禮多人不怪。我費勁了唇舌解釋，在瑞典送禮給老師反而更奇怪。

瑞典人並不是比較高尚誠實，為了避免送禮成為變相賄賂，瑞典稅法明文規定送禮最高金額，大小公私機關都必須經過審查，公務人員、企業高層也必須公開財產。又比方說，在瑞典買賣房屋，依法必須把房屋的地點、屋況等各種細節、還有競標過程和成交結果放在網上供所有人輕易查詢，以求維持最透明的房屋市場。然而在瑞典找過工作的人也知道，在法律較難管到的徵聘方面，瑞典人還是偏愛錄用有關係的人選，在職場上存在人治社會遺留下來的人脈文化。

在普遍缺乏規範的社會，事事只能各自靠關係、手腕解決，這也往往形成很強烈的人我分際和自保意識。記得有一次一位英國朋友談及新疆的穆斯林議題，在座一位中國朋友問：「你信奉伊斯蘭教嗎？」英國朋友說：「不，我不是穆斯林。」中國朋友則表示不解，既然不是穆斯林，為什麼要為遠在中國的穆斯林民眾抱不平？還有一次在論文課上，有個瑞典男同學表示想運用女性研究的理論分析社會議題，中國同學一聽失笑，說：「你一個男人關心什麼女性研究？」

雖然中國的官方輿論常指出「三權分立」是西方人搞出來的，對政府、對人性完全失去了信任的機制。然而在不透明的人治社會中，信息封閉、欺上瞞下造成的不信任感反而更加強烈，很難普遍建立起相互負責的利他公民意識。

對權力的不同解讀

記得以前修高中瑞典語課的時候，因為瑞典國文課的閱讀寫作含有大量政治時事辯論，而班上同學來自不同國家，其中又以非民主國家為主，所以瑞典語老師常納入社會科內容，補充對瑞典和各種政體的基礎知識。

記得當時老師最感冒的，就是同學們在討論時政的時候，永遠是以「政府」、「國家」等詞來統稱所有政權機關。某次上課，老師用投影機放映斯德哥爾摩市中心的鳥瞰圖。老師說：「從市中心的區域配置，就可以看到瑞典政體的運作模式。首先，這裡是皇宮，現在皇室已經完全沒有政權了，所以我們可以忽略它。接著，這裡是國會（立法院）大樓，這裡坐著人民直選的代表，立法院的三百四十九個席位，反映出來的就是瑞典的民意組成，他們負責決定瑞典的法條、預算等方向。隔著一條街，另一個區域羅列了各種行政機關，他們根據立法院決定的方針施行政務，瑞典語的「政府」一詞，就是指這一塊。」

老師繼續滔滔不絕地介紹：「接下來這個區域，則是司法機關，他們對執法過程中產生的爭議進行裁決。在這三個區域上班的人們除了在互相負責和檢視的例行會議上會有交流之外，基本上涇渭分明。這種分立將權力盡可能分攤開來，不讓少數人為所欲為。另外瑞典的各級地方政府也負責醫療、教育等不同領域的公共事務，你們在作文當中提到『政府』的時候，是指哪一個機關？要怎麼負責？」

我發現來自民主發展較晚或尚未發展的國家的同學，有時包括我自己，往往抱持著一個簡化的「人民」vs「朝廷」想像圖。我們期待政府、「父母官」的恩澤。當事與願違時，我們罵政府不夠賢能。而習慣民主文化的學生們，則更能從各種政策要經過的程序、需要的社會資源、和對各階層可能帶來的衝擊，做進一步的分析討論。

後來過一陣子，雖然老師說破了嘴，一位同學又把立法院說成「政府」，只見老師敲打黑板急切地說：「立法院不是『政府』，立法院是人民！立法院裡坐著的每一個人，都反映著瑞典的一部分人民！」這一幕，一直到現在還深深烙印在我的腦海裡。

我在學習瑞典語的過程中，對政權的想像也漸漸被解構和重塑。國會（立法院）反映全國的意見，而在各行政機關工作的人們，他們不是什麼父母官，而是在公家機關各司其職的上班族。與其期待他們道德高尚、鞠躬盡瘁，不如營造一個完善制定權力和義務的工作環境。

中共承襲蘇俄共產黨的黨國政體，原意是透過黨內選出精英官僚，達到一種可以自我糾正的集體領導（collective leadership）。然而在實踐過程中，領袖可以透過強大的國家宣傳機器鞏固類似封建時期天授君權的地位，被塑造為一個大家庭的父親角色，代表著絕對的智慧、慈愛和威權，受到子民的愛戴和懼怕。這樣的模式，只要不是發生類似車諾比、文革等毀滅性政治災難，大小政策錯誤都可以推給底層代罪羔羊，十分穩固。同時，這樣的政權也能偷換概念，讓人民把對國家的愛投射到政權上。所以，當人們批評瑞典或是台灣的執政黨，沒有人會覺得這是對國家的直接污辱，但是批評中共政權，常被視為是批評中國本身。

記得在瑞典念碩士的時候，瑞典教授在課堂上談到瑞典丹麥的跨海大橋，他說，提出這項建設的委員會，花了五年的時間回答來自船舶交通、社區經濟、海洋生物、環保等社會各界對此建設的質疑後，才終於定案。班上一位中國同學聽了半開玩笑地說：「這橋在中國，五個月就蓋好了！」儘管歷史一再證明「專制」和「開明」兩者是互斥的，但威權政體的效率和魄力，在經濟發展的加持下，仍能令人心馳神往。

而這些對於權力的解讀，在課堂上、職場上、家庭裡，也會在不自覺的行為中透露出來。有次一位別系的同仁在面臨資遣的時候，透過工會進行談判，獲得了優渥的資遣條件。中國同事聽聞此事，搖搖頭說：「這麼刁鑽的員工，以後走到哪都是禍患！」我聽到來自「社會主義國家」的國民口出此言，一時還真不知道要如何反應。

前文提到的那位高中校長也曾說，他在和其他教師同仁一起面試新老師的時候發現，來自非民主國家的應試者，常常能在一進門後，就能快速判斷出校長是在場位階最高的人，然後從頭到尾只看著他回答問題，忽視其他在座的人。而通常他們對這樣的應試者印象也會打一些折扣，因為根據經驗，這樣的老師對瑞典學校的教學理念和師生關係的對等開放，多半會感到十分吃不消。

聽完他這麼說，我一時想不起來自己以前在面試時是不是也曾犯同樣錯誤？我只知道自己從小就被訓練著要「叫人」，伯伯、叔叔、嬸嬸、姑姑，這些基於父系傳統的輩分稱謂劃定了親族的長幼親疏，對瑞典學生來說就像是一個無止盡的迷宮。我們從小學會一進門就讀懂人們的層級，這大概已經成為一種反射動作了吧。

因為這種權力層級和結構，讓人治社會中的人們特別講究攀附權貴、重視表面排場。無論是組織學術或商貿交流活動，對中國人來說最重要的節目，往往是極力邀請校長、大使、政治人物等「有頭有臉」的人排成一列，集體合影。二〇一〇年，《瑞典日報》記者揭露瑞典馬爾默市的一位中國華僑，成功地讓中國某些市鎮的官員和中國駐瑞典大使以為她在馬爾默市議會具有政治影響力，同時讓瑞典市政府以為她在瑞典華人界居領袖地位，這一切都來自她積極和重要人士握手合影，並曖昧地加入編造情節，暗示她和顯要之間的私交。

文化衝突的地標

二〇〇二年，一名在中國生產蚊香的富商在瑞典斯德哥爾摩北方一處渺無人煙的森林公路旁買下一個舊旅館，揚言要建設「龍門 Dragon Gate」——一個超大規模的「中瑞商務與文化交流中心」，這個企劃獲得不少中國富商投資，據說投資金額高達兩億人民幣。然而為了節約成本，龍門所用的建築工人都來自中國。中國工人的雇傭、工作習慣都和瑞典大相徑庭，多次因為違反各項環境法、勞工法被罰款。

為了禁止沒有經過適當訓練的中國工人使用危險工具，瑞典地方當局多次勸告、罰款未果，只好把危險工具用鎖鏈鎖了起來，結果再次視察時，發現鎖鏈已經被工人鋸開，團隊照樣開工。代表這個建案的瑞典律師勸投資團隊請一名熟悉瑞典法律的工頭，但他們選擇雇用一名沒有經驗的交換學生。後來龍門建案一共被罰了一一〇萬瑞典克朗（約等於當時的四百萬台幣）。

讓涉及此建案的瑞典人們最摸不著頭緒的地方是，中國富商展現了雄厚的資金實力，卻對基礎安檢、勞檢缺乏最基本的尊重。當被記者問及龍門所遇到的問題時，中國投資者拍拍胸脯說：「中國人走出去，碰壁、困難在所難免，但重要的是我們已經把龍門建了起來。」

後來龍門酒店因為未能通過瑞典的消防安全、用電、暖氣等標準條例，花了十多年，還是無法走完正常安檢程序、開張營業。在二〇一九年，「龍門」終於被以賤價拋售。買下「龍門」的，是在瑞典一個專門以低價收購「沒人要的地方」然後著手經營改造的房產公司。「龍門」在新東家依循瑞典法規改建後重新開張，他們在這塊怪誕又充滿山寨感的仿中國建築當中辦電音派對等大型活動，還實施導覽說明龍門建案「went all wrong」越走越歪的來龍去脈，儼然是活生生的人治和法治文化衝突地標。

從人治到法治的腳步

以上幾樁事例接連看下來，讀者可能會覺得我在調侃中國人，但我的意圖是完全相反的。瑞典和中國站在法治發展的兩個極端，而台灣處在中間，看看兩邊，總是特別有感。在瑞典生活多年，我體驗到民主法治制度在扭轉政治文化的同時，還翻轉了個人對於家庭、世代、教育、工作的思考模式，也相信這些改變大多是正面的。台灣因為歷史機緣加上前人的努力，得到了制度上的演進，如果認同這些演進帶來的正面效應，自然就不會懷念或欽羨威權，也不會用中國民眾目前面對的問題來襯托自己的優越感。

記得一次和中國、瑞典同學談到各國官員的薪資，正在網路上查詢的時候，中國同學無奈笑著說：「算了吧，查了等於沒查，中國官員的薪水，只是他們實際收入的小零頭罷了。」在網路上看看中國網友揶揄權貴的順口溜和段子，酸勁和笑點十足，讓人拍案叫絕，但是段子終究是段子，窮盡機智之後顯露的無力感，一個個被刪去的敏感詞，也令人不勝唏噓。

民主並不是一切問題的解藥。只是，在比較了人治社會和法治社會之後，我更情願為了法治帶來的改變，而去面對民主帶來的問題。

第十二章

瑞典平權大國的神話構築

比起北歐諸神奧丁和索爾，現代北歐福利國家民主平等的神話也許更鮮明地活在人們——包括北歐人自己的心中。一九六〇年代瑞典經歷的「You改革」（The you-reform），可以說是現代瑞典平權大國認同構築的最佳註解。

現在很難想像，就在幾十年前，瑞典社會也曾經極端傳統保守，這一點可以從當時異常嚴格的語言規範窺見一二。在不同語言中，以第二人稱代詞「你」直呼對方都普遍被視為不正式或不敬的，中文也不例外。而在從前的瑞典，第二人稱代詞 You 只適用於配偶、情人和摯友，除此之外就連兄弟姊妹之間都不能使用。而在社會上人們則以姓和稱謂相稱，未婚女性叫小姐，已婚女性叫太太，男性則使用職稱。比方說，如果在公司裡想問坐在隔壁的會計想不想喝咖啡，不能說：「你想喝咖啡嗎？」而必須說：「會計卡爾森想喝咖啡嗎？」

到了二十世紀初，瑞典開始有人想割除這個吸飽了階級和性別成見的語言瘤，他們借用法文的 vous 和德文的 sie，試圖推行用第二人稱複數形當作 You 的敬稱（中文的「您」也是在類似脈絡下形成的敬稱），以代替當時繁複的稱謂，但這波改革很快就失敗了。

位於歐洲北部邊陲，瑞典在社會變革發展上總是深受其他大國影響。但是到了二次戰後，瑞典像是換上了一顆新引擎，經濟高速發展，在社會民主黨的執政下，資源分配平等化和階級扁平化如火如荼地進行，接著，語言改革的時機也終於成熟了。一九六七年，瑞典國民健康局局長布洛・雷克賽德

（Bror Rexed）在就任典禮上鄭重宣布：「從今天起，我將以『你』稱呼所有同仁。無論是男是女，是科長還是實習生，從今以後，只有我，和你。」就這樣，瑞典直接跳過了「您」，就把「你」給普及了。

當我在瑞典語課學到這項改革時，心裡很納悶，不過就是開始用「你」這個詞，有什麼好大驚小怪的？然而對瑞典人來說，「You 改革」可以說是瑞典第一個不依循其他國家腳步的變革，這代表瑞典走出了自己的模式，也醞釀出成為「平權大國」的認同和期許。雷克賽德演說的照片和他生動的演講詞，在瑞典學校的國文和社會課上都有著墨，深植於瑞典人心中，就像台灣的蔣公看小魚力爭上游，成為編織瑞典近代神話的一個重要意象。

瑞典的「You 改革」，是近代瑞典社會變革滲透到語言習慣的現象，為瑞典敘事注入了一股清流，奠定了平等、正確的形象。然而來到瑞典生活不需要太久，就會發現原來在瑞典人以君子自許的表面下，也流竄著人類本性。他們也愛腥羶八卦，也有性別不平等和種族歧視；如果可以，瑞典人也會想盡辦法避稅、炒房。

今年二月，掌管全國戶口登記的瑞典稅務局，把台灣的名字改成了「中國台灣」。就近年來歐洲公部門和私人企業的改名潮來看，中國政府在背後施加壓力的事實幾乎是不證自明，但瑞典官僚絕對不會承認這一點。我以自由記者的身分訪問了瑞典稅務局法務和瑞典外交部的公關人員，不管如何旁敲側擊，不管他們看起來多心虛，他們嘴裡吐出來的，總是一連串乾淨漂亮的說辭：「這是行政決定，是國際標準。」反反覆覆，樂此不疲。面對瑞典的君子和偽君子兩張面孔，我構築的北歐神話也常遙遙欲墜。

別在玻璃屋裡丟石頭

二〇一七年川普就任美國總統時，身居瑞典政府要職的女性們，在社群網站上針對陽盛陰衰的川普政府發布了一則貼文⑦。二〇一四年當選的瑞典社民黨政府，以世界第一個女性主義政府（The world's first feminist government）自居，力圖從最高政治決策層開始導入性別平等意識以及性別主流化的具體程序。

而就在同一年、同一個政府團隊出訪伊朗時，瑞典女性官員卻一律戴上頭巾，拜會伊朗政府⑧。想當然爾，這個舉動深深背叛了伊朗國內不顧自身危險、為女性解放奮鬥的運動者，在瑞典國內外都引起強烈抨擊。許多人拿歐巴馬夫妻訪問沙烏地阿拉伯時，第一夫人米雪兒沒有戴頭巾的照片當作鮮明對比，但他們沒有明說的是，伊朗國內法律明定女性必須戴頭巾，在沙烏地阿拉伯則沒有；然而在穆斯林國家當中，伊朗女性在教育和職業上享有相對高的自由，沙烏地阿拉伯的女性則直到最近才能開車。

瑞典社民黨的主要政敵，偏右自由派的溫和黨對此事的批評當然絲毫不手軟，然而過幾天就有報章披露，幾年前瑞典溫和黨政府團隊在拜訪伊朗時，女性成員也都依法戴上了頭巾。瑞典有句話說，「不要在玻璃屋裡丟石頭。」當大家都住在同一個玻璃屋裡，朝別人丟石頭，碎玻璃只會落在自己頭上。如果說社民黨政府哪裡不對，那大概是錯在它把自己放到了「世界第一個女性主義政府」的高度上，卻又不可能犧牲瑞典的對外交流和貿易，在世界邊緣一邊潔身自愛，一邊餓肚子。

這年頭當梟雄容易，而君子總是難為。看看中華文化的君子典範，總是脫不了出世、採菊、抑鬱而終等關鍵詞，「入世」和「君子」兩詞一旦放在一起，總會催化出做秀、偽君子等各式指控。

今年五一勞動節，我依慣例參與了瑞典社會民主黨的遊行，社民黨的青

---

⑦ 掃描 QR Code，可參閱當時的瑞典副總理兼環境部部長伊莎貝拉．洛文（Isabella Lövin）在個人 Facebook 上發布的貼文。照片中女性官員們「不以為然」的神情 展露對川普政府的不認同。

⑧ 掃描 QR Code，可參閱《瑞典快報 EXPRESSEN》報導，瑞典政府團隊出訪伊朗時，瑞典女性官員一律戴上頭巾的畫面。

年黨團也在遊行行列中。瑞典各個政黨都有在中學裡活躍的青年團，青年黨團有個有趣的共通點，那就是他們總是比「大人們」還要激進一些。在遊行過程中，青春洋溢的青年黨員走在隊伍最前端，沿街大喊「打倒資本主義！」「消滅瑞典王室！」走在後方的中老年男女笑看著他們，那眼神總讓我想起在一旁看顧幼犬嬉戲的狗媽媽。

而在遊行終點，社民黨地方代表已經準備好講稿，要討論諸多市政細節，比方說如何規定私人建商在建造一般營利住宅時，也要建造一定比例的社會住宅？公車上、候車亭等公共空間，要開放多少供商業廣告使用，並且將有什麼樣的營收規範？生了二寶在家放育兒假的爸媽，可以讓大寶使用公托嗎？可以使用多久？一條條規範必需克制你我「沒那麼君子」的一面，又要留下適當的自由空間。現在北歐諸神的戰場，就是和藏在繁瑣細節當中的魔鬼們周旋。

二戰以降，以社民黨為代表的瑞典偏左陣營，和溫和黨代表的偏右陣營交互輪替，在鋼索上搖搖擺擺地走出了瑞典模式。社民黨一邊要掛上平等的商標召集藍領大眾，一邊也深知不能丟失白領中產的選票，這一來一往間，各種理想價值被標上了優先順序，有的甚至被犧牲了。「你看，理想再高，最後還不是要妥協？」很多人這麼說，帶著一點幸災樂禍。

把神話當真了，終究會變成誤會一場，但是比起看小魚力爭上游，我覺得至少北歐的平權神話，為社會提供了一個更好的出發點。讓我們看看瑞典在它能力所及之處做了什麼：在瑞典，身為自由記者，我能馬上聯繫訪問到稅務局和外交部等官方機關內的相關人員，他們有義務回答媒體的每一個質疑。瑞典收容百餘位流亡海外的新疆維吾爾異議人士，並在不久前逮捕了一名蒐集海外維吾爾人情報賣給中共當局的間諜；另外，瑞典官方支持台灣以觀察員身分加入ＷＨＯ等組織，媒體、學術機構、民間輿論也大多對台灣採取友善的態度。

在瑞典，國家每年花大筆經費支持傳媒，讓報章能不為五斗米折腰，讓媒體的功能不被偏愛腥羶八卦和口水戰的人性需求稀釋扭曲，留下一片理性的淨土；讓一個傷心疲倦的家庭和深愛他們的人，能不受打擾和公審，安靜地道別。

在瑞典，房東不可以隨意漲房租或要房客搬家，私人房客租屋滿兩年就有權利把房子買下；勞工有休息和團結的權利；爸媽可以請假在家育兒不怕被老闆炒魷魚。

雖然這些制度規範都不是完美的，但也都展現出一種期許。我漸漸明白，瑞典人也很清楚兼愛平權的神話，把瑞典放到了自己都搆不到的高度，但他們也很坦然，因為對瑞典來說，神話從來不是那隻青鳥，而是試著去捕捉青鳥的動力和姿態。

第十三章

從政治人物身上看見瑞典式政治文化

一般來說，人們對北歐國家的政治通常有透明清廉的印象，根據國際透明組織分析整理出來的政治清廉感知指數，北歐國家也常常名列前茅。

防止公家機關貪腐，和以下各層面的完善程度有很大的關係：各政府機關的分權制衡和問責程序、新聞自由、公民組織，以及法律對爆料、吹哨者的保護等等。看看瑞典近幾十年來公家機關和政治人物的重大醜聞，會發現瑞典政治人物本身並沒有比較高尚，但是因為上述各種功能發揮效用，因此貪腐的規模和頻率和其他國家相比也較輕微。

讓我印象比較深刻的瑞典政治醜聞，是一九九五年的「三角巧克力事件」。當時社會民主黨副主席莫娜·薩琳（Mona Sahlin）原本是呼聲最大的黨主席接任者，並很有可能成為下任首相，然而，媒體卻揭露她在一九九〇至一九九一年擔任勞工局局長期間用公款金融卡支付私人消費，其中包括了餐廳、超市，還有給女兒的腳踏車等等，前後共計五萬三千多瑞典克朗（約為當時的二十萬台幣）。這個事件被以「三角巧克力」命名，是因為在記者揭露的所有帳款明細中，包括了兩條瑞士三角巧克力。

這個事件的名稱可能有一點誤導，讓人們以為薩琳只用公款買了兩條巧克力。不過，如果和過往更大條的瑞典政治醜聞比較，會看到在其他事件中，有的公僕使用各種手段將大筆公款挪用於私人投資獲利，或是進行精巧的逃漏稅，涉及金額動輒以數百萬計；有的則是鑽法則漏洞，濫用政府補助或領取多重薪資，每月也往往超過十萬克朗。相較之下，一年內挪用五萬多克朗公帑，的確顯得是一個「巧克力等級」的小規模醜聞。

薩琳後來辯稱她並非有意佔用公款，而是由於瑞典公家機關的帳目手續和規定複雜難懂，而造成錯誤。但是後來記者又揭發在這五萬多克朗當中，包括了多次違規停車罰款，還有支付一位沒有確實登記繳稅的「黑市」保母。這些細節累加，足以斷送薩琳的首相之路。她一直到二〇〇六年才正式回歸政治事業。

看到這些醜聞報導，我最驚訝的是在瑞典取得每位公僕的財務明細進行檢視，是如此容易。這些檢視有的來自反對黨的問責，有的來自內部吹哨者，有的來自媒體或公民的爆料。檢視的時機通常是在政治人物即將接下重要職位之際，例如二〇〇六年溫和黨內閣剛上任時，三位內閣成員前後因為曾經在家中雇用「黑市」勞工、逃漏稅、甚至欠繳國家公共電視費，而被媒體揭露。

因房租問題被罷免的首相

健全的民主法治、媒體和公民社會，的確能夠讓更多汙點見到陽光，然而北歐國家在全球政治清廉指數的表現特別突出，我認為這還出自於一種特殊的政治文化。

瑞典政壇在傳統上分為兩大陣營，一個是在歷史上代表資產階級的中間偏右聯盟（bourgeois alliance），他們屬於相對保守的經濟自由派，以溫和黨為代表；另一個是歷史上代表勞工階級、講求平等和革新的中間偏左陣營（left bloc），以社會民主黨為代表。瑞典每次大選，民眾用選票將代表自己的議員送入國會（立法院），進行辯論、倡議和立法。這種意識形態的左右之分，也可以說是一種基於階層的身分政治，一般來說，勞工階層較支持偏左政黨，資產階層較支持偏右政黨，以維護自己的權益。

二〇一九年一月，瑞典由於反移民的排外極右政黨崛起，打亂了瑞典議會中的傳統生態，偏右聯盟當中出現了分裂，溫和黨和極右黨靠攏，自由黨和中間黨則和偏左陣營協議組閣。這個政府不能按傳統叫做「偏左陣營」了，瑞典媒體索性就叫它「一月內閣」。

一月內閣上路以來，為了迎合偏右的新盟友，偏左政黨們（社民黨、綠黨、左翼黨）在勞權立法和富人稅上讓了幾次步，而今年偏右政黨又極力推動新建公寓租金的市場化。

讀者可能會問，公寓的租金不是本來就是市場決定的嗎？只要有人出得起，房東要收多少房租是他們的自由，我們怎麼管得著？在台灣也許是如此，但是在很多國家，和人民居住權息息相關的房屋租賃市場，對包租公包租婆們是有許多限制的。

瑞典偏右政黨就經濟自由派的立場出發，自然是以去除這些限制為目標。但是這一次，偏左陣營的左翼黨說，我們不能再讓步了，如果再讓步，左翼黨就要撤回對一月內閣的支持。而就在社民黨的首相斯特凡・勒文（Stefan Löfven）和左翼黨進行協調的同時，極右黨趁機在議會提出對首相的不信任案。

左翼黨並不是第一次向社民黨提出異議，極右黨也不是第一次對首相提出不信任案。首相善於談判，多次在自家盟友和新盟友之間周旋，排解糾紛，然而這一次事態不如以往，左翼黨主席努希・達戈斯塔（Nooshi Dadgostar）態度堅決，投下不信任票，讓勒文成了瑞典史上第一個被國會罷免的首相。

當時歐洲足球錦標賽正踢得火熱，不信任案通過的時候，家家戶戶都在看足球。手機傳來快訊時我嚇了一跳，瀏覽各媒體報章上的評析，口吻多很冷靜。有社民黨、綠黨的支持者對左翼黨不滿，認為左翼黨的反抗以作秀成分居多，在瑞典文叫做「採集政治點數」（picking political points），結果採得過了頭，反而讓偏右聯盟得到良機。除此之外，人們看一看媒體報導分析，了解一下未來走向，就轉台繼續看足球，不太像是一個首相剛被罷免的國家。

在幾個星期過後，各黨終於又達成協議，偏右政黨在房租問題上讓步，左翼黨保住了他們對瑞典房客協會的承諾，勒文和一月內閣也得以在鋼索上繼續前進。

如果說勞工組織是在勞動市場中處於弱勢的勞工們的自救管道，在本書第一部提到的房客協會，就是在租賃市場中處於弱勢的房客們的自救管道，瑞典勞工組織和房客組織在歷史上都和偏左陣營有很深厚的連結。這一次左翼黨杯葛一月內閣，是一個很大的政治賭注，但也向民眾證明了左翼黨的堅持，那個月左翼黨的新入黨人數大增。

勞權、居住、稅法都是核心價值問題，各黨基於不同的光譜和方針取得選民支持，也難免為了維護其利益而產生糾紛。然而只要程序合法，不管議會中政黨們怎麼樣去談判結盟，瑞典的各級行政機制還是照常依法運作，不會因此大亂，而與其看政治口水戰，足球賽還比較好看。我倒是覺得，一個國家的首相可以因為人民租房子的問題被罷免，是挺令人羨慕的。

讓人印象深刻的政治人物

左翼黨主席達戈斯塔出生於瑞典的難民營，父母是來自伊朗的政治難民。她在瑞典第二大城哥德堡長大。「我家幾乎一無所有，度假旅遊或買車是我父母從來沒有實現過的夢想，但是我們有居住權，我們租的公寓旁邊有公園，有幼稚園和學校，給了我最好的童年和教育。」後來她也親身經歷瑞典都市公共租房架構的崩解，和家人在沒有保障的私人租房契約下輾轉搬家。因此她在踏入政治生涯後，房客權益一直是她的中心訴求。

左翼黨身為資源較少的小黨，要求從政的黨員將薪水回饋於黨。在瑞典當國會議員（立法委員）的每月薪水是六萬多瑞典克朗，相當於二十多萬台幣，而左翼黨的國會議員在「繳稅」給黨以後，薪水是三萬多瑞典克朗，大約是瑞典高中老師的薪資。

另一個讓我印象深刻的瑞典政治人物是綠黨的前發言人、瑞典前教育部長古斯塔夫．弗里多林（Gustav Fridolin），他從學生時代就很熱衷於能源和教育議題，二〇〇二年，十九歲的他代表綠黨成為瑞典當時最年輕的國會議員。任期屆滿後他一邊當記者一邊完成師資培訓，成為一名教師。二〇一一年，他被選為綠黨發言人之一（瑞典綠黨沒有黨主席，而是採取一女一男的雙發言人制），並在二〇一四年加入偏左陣營內閣，成為瑞典教育部長。二〇一九年，當內閣任期結束，他又回到學校執教。

弗里多林在十九歲那年進入國會時提出的第一個議案，是削減議員薪水。十多年後，當他離開國會，他提出的最後一個議案也是削減議員薪水。在瑞典從政任期屆滿後，瑞典政府通常會持續提供一整年的薪水作為轉業補助，弗里多林則拒絕接受這項補助。

他表示，在七〇年代，瑞典國會議員的薪水和當時的高中老師差不多，現在卻是高中老師的二至三倍，還有各種慷慨的加給，這樣的漲幅真的合理嗎？許多綠黨政治人物和左翼黨在這方面信念一致，認為從政的公僕如果享受過於優渥的薪資，來自民眾的信任程度也會降低。

官與民的關係重組

回到本篇文章的主題，到底是什麼樣的政治文化，讓北歐國家在政治透明和廉潔程度表現特別突出？除了上述較健全的民主法治、媒體和公民社會之外，北歐的偏左意識形態，也在政治場域中營造出一種有別於傳統的政治文化，打破以往「官」與「民」的關係。

瑞典從政的經濟門檻很低，並沒有所謂的參選費用，各年齡、階層、背景的人們只要有熱忱，都有機會進入決策層和立法機制。而偏左政治人物背負著代表勞工、房客等一般民眾的使命進入政壇，支持者對他們的期待，自然也會很不一樣。

比如說，當偏右的政治人物逃漏稅，或是和資方過從甚密，較能得到支持減稅和自由市場的偏右選民諒解，但是如果偏左政黨的政治人物做同樣的事情，不但背叛了支持者，也常被冠上虛偽的罪名。

另一個有趣的例子，是關於首相的住處。一般我們會認為一國元首應該住在氣派的官邸中，並受嚴密的保護，然而在瑞典政治傳統中，歷任首相沒有官邸，他們住在舊居，並且以融入市民生活為典範（特別是社會民主黨的首相）。

例如社民黨的前瑞典首相塔格·埃蘭德（Tage Erlander），他的妻子是學校老師，每天早上開車上班時順便載他到政府辦公室，所以他常是最早到辦公室的人。另一位著名的前瑞典首相奧洛夫·帕爾梅（Olof Palme）經常和妻子走路到斯德哥爾摩四處吃飯看電影，沒有任何隨扈。然而在一九八六年的一個晚上，他在和妻子看完電影走回公寓的途中，遭到了槍殺。在槍殺發生隔年，瑞典政府基於安全考量，購置了位於國會旁的氣派樓房作為首相官邸。

現任首相勒文曾是焊接工人，在工會組織裡累積政治事業。擔任首相前，他和妻子住在工會承租給幹部居住的一房一廳公寓裡，約二十多坪大。在勒文成為首相前夕，媒體記者比較了他的舊居和首相官邸，並描述這兩個區域的歷史，表示勒文將從斯德哥爾摩的勞工運動發祥中心，搬遷到富紳聚集的政治中心，希望他不會適應不良，言下之意也暗指，希望首相不要忘了自己代表勞工的立場和初心。

大家都希望有高素質的公僕，不過在看了瑞典形形色色的政治人物後，我想，最關鍵的問題，也許並不是政治人物的素質，而是這個政治人物，真的和我們站在同一邊嗎？

結語

讓最多人，得到最大限度的幸福

來到瑞典以後我發覺，原來成為贏家和成功者並不是獲取幸福的唯一路徑，就算是一般平凡人，也可以爭取更多幸福、避免更多不幸，而這個可能性和社會結構、文化有極其深遠的關係。在經過長時間觀察、書寫和思考後，我將瑞典式的幸福來源歸納為兩個重點，第一是開放幸福的定義，第二是爭取安定感和自尊。在本書的第一部，我描寫瑞典人如何從文化、結構上去批判弱肉強食、贏者全拿的「自然定律」。並且因為這些批判和反思，社會整體的想法和心態也發生轉變，繼而產生改變的動力，讓瑞典人積極參與各種公民組織，致力於讓一般平凡人也可以得到一定程度的勞動、居住、教育、醫療品質。而在第二部，我則著重於這種社會轉變帶來的政治能量，描寫瑞典民眾是如何在「改革」和「保守」政黨和政策之間做出選擇，影響國家的民意立法機關，從法制的層面去改變現實。

對「左派」的誤解

如此鋪陳下來，我想讀者們都已經察覺，「偏左意識和偏左政黨的重要角色」是本書當中不斷出現的主題。我了解許多台灣民眾對所謂的「左派」是帶有排斥的。而這種排斥，其實常是出於兩種誤解，在本書最後，我想就此做一些說明。

第一個最大的誤解，是認為「左派」就是「共產主義」，甚至相信「左派」的人支持中共。首先，「共產主義」是一種極度激進，並且已經被證明無法實現的極左政體。我們在現今民主社會當中（以西北歐、加拿大、澳洲為主）看到的左派政治，是一種和自由市場折衷的溫和社會主義，並不要求抹滅所有收入和財產的差距，旨在給予所有階層一定程度的安全感而已。其二，中共在「改革開放」以後，把社會主義提升勞權、居住權、社會安全等初衷也一併拋棄了，就這層意義來說，中共其實一點也不「左」。事實上，瑞典左派政黨都非常反極權、反中共。

第二個誤解，是認為「左派」都在談「女權主義」或是婚姻平權等議題，如果對這些議題沒有切身興趣，就不是「左派」。然而左派有兩個很大的命題，一個是「階級政治」，如同上述，目標是讓各個階層的人都能有一定程度的勞動、居住、教育條件，保有一定程度的安全感，在這個命題下談的是稅率、房租、公托和醫療等等。另一個命題是「認同政治」，焦點在探討性別、種族等身分的結構性不公，試著質疑文化成規和影響相關法令制度。

相對而言，「認同政治」因為涉及到性別和種族等，對所有人來說都是道德認同中非常根深蒂固而敏感的部分，尤其在現在的社群媒體時代，這些也是最容易挑起眾人神經，引起情緒迴響，經常被放在聚光燈下的議題。相較之下，「階級政治」的議題就顯得寂寞得多。

「階級政治」和「認同政治」自然都很重要，但是如果一個社會上的左派，十之八九都只給人「認同政治」的印象，或只致力於認同政治議題，那麼這個社會並不能算是擁有完善的左派意識。台灣由於歷史因緣，一直以來就幾乎沒有「階級政治」的空間，然而「階級政治」是攸關你我每一個人的居住、工作和下一代教育的重要議題，因此就算對「認同政治」無法產生共鳴，也請別忘了「階級政治」這個有點無趣又常常被遺忘的議題，永遠是左派最核心的命題，也是我認為台灣目前迫切需要的視角。

新視野 053

當個普通人也很自豪

我在瑞典生活，發現了幸福的寬度

作　　者／吳媛媛
責任編輯／何靜芬
封面設計／兒日設計
內頁照片提供／吳媛媛
內頁排版／中原造像股份有限公司

天下雜誌群創辦人／殷允芃
天下雜誌董事長／吳迎春
出版部總編輯／吳韻儀
出 版 者／天下雜誌股份有限公司
地　　址／台北市 104 南京東路二段 139 號 11 樓
讀者服務／（02）2662-0332　傳真／（02）2662-6048
天下雜誌 GROUP 網址／ www.cw.com.tw
劃撥帳號／ 01895001 天下雜誌股份有限公司
法律顧問／台英國際商務法律事務所・羅明通律師
製版印刷／中原造像股份有限公司
總 經 銷／大和圖書有限公司　電話／（02）8990-2588
出版日期／ 2022 年 10 月 5 日第一版第一次印行
定　　價／ 320 元

書號：BCCS0053P
ISBN：978-986-398-817-5

直營門市書香花園　地址／台北市建國北路二段 6 巷 11 號　電話／（02）2506-1635
天下網路書店　shop.cwbook.com.tw
天下雜誌我讀網　books.cw.com.tw/
天下讀者俱樂部 Facebook　www.facebook.com/cwbookclub

當個普通人也很自豪 / 吳媛媛著 . -- 第一版 . -- 臺北市 : 天下雜誌股份有限公司 , 2022.10
224 面 ; 14.8×21 公分 . -- (新視野 ; 53)
ISBN 978-986-398-817-5(平裝)

1.CST: 社會生活 2.CST: 生活型態 3.CST: 政治文化 4.CST: 瑞典

747.53　　　　111014336

天下雜誌
觀念領先